アルピニズムと死

僕が登り続けてこられた理由

山野井泰史

ヤマケイ新書

装丁　尾崎行欧デザイン事務所
本文レイアウト　渡邊　怜

目次

はじめに　6

第1章　「天国に一番近い男」と呼ばれて　9

初めての事故　12　／2度目の事故体験　18　／死亡事故に遭う　20
会心の登攀――トール西壁単独初登　23　／落石について　31
ソロ　32　／アルパインクライミングのためのトレーニング　35
若き日の雑誌インタビューより　42
すべてが完璧だった――チョ・オユー南西壁アルパインスタイル・ソロ　55

第2章　パートナーが教えてくれたもの　65

確実な下降テクニック――中垣大作　66　／無事故の理由――ヴォイテク・クルティカ　70
自分を見失わない冷静さ――山野井妙子　74　／富士の強力仲間たち　77

第3章　敗退の連鎖　85

北アルプス明神岳での墜落　87／南アルプス甲斐駒ヶ岳での大墜落　89
マナスル北西壁での雪崩　91／山での死　93

第4章　2000年以降の記録より　95

2000年――K2単独登頂と5・13aのレッドポイント　98
2001年――ラトックI峰北壁、悪コンディションのために断念　100
2002年――ギャチュン・カン北壁登頂成功なるも……　102
2003年――奥多摩のハイキングから再出発　104
2004年――ポタラ北壁に挑む　106
2005年――復活の登攀――ポタラ北壁単独初登　108
2006年――パリラプチャ北壁　111
2007年――グリーンランド「オルカ」と西上州未踏の岩峰「一本岩」　112
2008年――ハン・テングリとキルギスの岩登り　120
2009年――再起をかけたクーラ・カンリ　122

２０１０年――登山スタイルの変更――ヘブンへの挑戦　124
２０１１年――タフルタム敗退――高所でのソロクライミングの断念　127
２０１２年――ヘブン完登　128

第5章　危機からの脱出　135

ギャチュン・カン北壁からの脱出　136　／ギャチュン・カン、その後　145
想定外の出来事――熊に襲われる　150

第6章　アンデスを目指して　157

２０１２年12月――アンデス遠征計画　158　／目標を見つける　164
２０１３年2月――ウィンタークライマーズミーティング　166
4月――奥多摩にて　168　／5月――岳沢小屋にて　169
6月――アンデスにて　173　／アルピニズムについて　181
あとがき　184
山野井泰史　年譜　186

はじめに

僕は以前に比べスピードも遅く、体のキレも悪く、それに加え疲労も抜けにくくなっている。まるで肉体が、遭難する前にやめておけよと言っているみたいだ。

不器用で才能もないくせに、尽きることのない登攀意欲で40年も前進をやめなかった。肉体の限界を超えるような厳しい登山の繰り返しで、目に見えない蓄積疲労もあるのかもしれない。だからといって、こんな面白いことを簡単にはやめられるわけがない……。

そんなモヤモヤとした思いが続いたある日、悲しい知らせが突然届いたのです。

昨年、ペルーアンデスを共にした僕より18歳も若い、これから有望な友人が北アルプスの雪尾根を下山中に亡くなってしまったのです。それは安全地帯手前のちょっとした斜面を降りているときだったようです。

その彼とは何度か山行を共にしましたが、激しいトレーニングによって培われた馬力はスピードにも表われていました。しかし経験だけが取り柄の僕から見ると、彼のいくつもの危険な行動、あるいは心理的な弱点が見え隠れしていたのは事実でした。情熱に満ち溢れた友人の顔を思い出すたびに、もっと助言をすれば良かったと悔いが膨らみます。

個人の能力を限界まで引き出していく限り、あるいは山という大きな自然に向かっていく限り、山での事故はなくならないとは思いますが、あれ以来、僕にできることはなかったのだろうかという思いが続いていました。そんなとき、今回の新書の話をいただいたのです。

この本を読まれた方が、何年か後に「充実した登山人生を続けることができた」と振り返っていただけるようなことになるのであれば出版する価値はあるでしょう。また、個人的なことですが、時間の有り余っている現在、今までの歩みを回想することにより、僕自身がこれからも死なずに山登りを続けていくためのヒントが見つかるのではと期待しているのです。

山野井泰史

第1章

「天国に一番近い男」と呼ばれて

10歳のとき、初めて本格的な山登りを南アルプスの北岳で経験しました。今でも雪渓の大きさ、霧の深い頂に到着した瞬間を鮮明に覚えています。

あれから間もなく40年、あらゆる分野の登山を楽しんできました。

アルバムを開けば、革の登山靴でキスリングザックを背負い、丹沢の渓谷を巡る少年や、足にギプスを装着したままボルダリングを試みようとする馬鹿な男や、上半身裸でヨセミテ国立公園でフリークライミングを楽しむ姿、ロープも付けずに八ヶ岳の氷壁にピッケルを突き刺す姿、ヒマラヤのトレーニングのため白馬岳の真っ白な雪稜を登る姿など、写真を眺めただけでも色々な分野を楽しんできたことがわかります。

また、先日は久しぶりに、過去のクライミングメモを見ました。それは主に成功したクライミングだけしか残していないのですが、そこに書かれているクライミング数は膨大でした。メモに残していない小さな山や岩、あるいは失敗した山などを入れると年間平均70回ほどは出かけているようです。それは40年の間に2800回以上、もしかしたら3000回ちかく登りに出かけ、生きて家に戻っていることを意味します。

危うい場面に何度も遭遇しましたが、なぜ今まで死ななかったのでしょう。

ある新聞は、私があまりにも激しい登山を繰り返すからでしょうか、「天国に一番近い男」と表

小学生のころ、奥多摩をハイキング（写真＝長潟正昭）

したこともありますし、「生きていることが不思議だ」と言う友人も数多くいます。

これから僕が経験したいくつかの話をしていきたいと思いますが、そこに生き残っている理由が隠れているかもしれません。

初めての事故

初めに若いころの怪我について話したいと思います。

初めての事故は中学生のときに起きました。それまでに白峰三山縦走、八ヶ岳縦走、沢登りでは丹沢の水無川本谷、勘七ノ沢、積雪期では奥多摩の雲取山、奥秩父の金峰山など経験していましたが、本当に挑戦してみたかったのは、ロープを使ったロッククライミングでした。あのころ、心の底からロッククライマーに憧れていました。いつか垂直の岩を格好良く登ってみたいと。しかし一緒に練習してくれる仲間も、教えてくれる知人もいませんでした。

時代はまだ１９７０年代、このころはクライミングジムはおろか、ボルダリングさえ行なわれていませんでした。仕方なく、休日になれば家の近所の石垣で技術書を開きながらトレーニングを繰り返していたのです。

中学時代、日和田山でパンを食べながらフリーソロ

三点確保、トラバース、クライムダウン、あえてホールドが小さく高さのある石垣を選んで練習することもありました。２度ほど埼玉県・奥武蔵の有名なクライミング練習場、日和田《ひわだ》山の岩場にひとりで出かけたこともありましたが、当時持っていた装備といえば、工事用のヘルメットに、ほとんど強度のないナイロンロープ、鉄のカラビナ２枚、トレッキング用の靴だけなので、これらを人前で装着する恥ずかしさもあり、結局なにも装備を付けずに日和田山の岩にしがみ付いていました。またそれは大人に怒られるのではないかというビクビクしながらの行為でもありました。

事故は地元千葉県の鋸《のこぎり》山で起きました。

鋸山の岩場のことは、房総の山々を紹介した本にわずかに記載されていたのです。日和田山の件もあり、人に見られることなく、なんの気兼ねもなくロッククライミングに挑戦したくて２時間も電車に乗り鋸山に一人で向かいました。でも１度目の挑戦はアプローチがわからず、悔しさを残しながら、諦めて家に戻っていたのです。

その日は前回の失敗もあり「どんな小さな岩でも良いから思いっきり登りたい」と強い気持ちで向かったのです。また、わずかですが岩場へのアプローチについての新たな情報も手に入れていました。

林道から山道を上がり、頂から30分ほど急な斜面を下りた場所に、ガイドブックの説明どおり、

中学時代、家の近所の石垣でクライミングの練習をしていた

垂直ではありましたが砂のような岩がありました。

岩の高さは10メートルほどだったでしょう。ヘルメットを被りトレッキングシューズのひもを締め、ロープはザックにしまったまま登りだしました。

最初は順調に進んだのです。

7〜8メートルの高さでしょうか。周りの木よりも高い位置に達していました。いつの間にか傾斜は垂直になり、ホールドも小さく崩れやすくなっていました。

その日初めて、指が耐えきれず徐々に開いてしまう感覚を味わったのです。降りる力も残っていませんでした。そして思わず目の前にある大きなホールドに両手で飛びついてしまったのです。

今ならあんな脆い岩に飛びつくことは考えられませんし、せめて片手だけで摑みにいくと思います。また、あの当時、高さに対する感覚も間違っていたのでしょう。落ちて打ちどころが悪ければ死ぬ高さです。

摑んだと思った瞬間、30センチ四方の岩を抱えながら空中を舞い、そして地面に叩きつけられてしまったのです。胸を強く打ったため、しばらく呼吸ができません。全身にも強い痛みがあり、うめき続けました。

救いはたくさんの落葉がクッションになったことでしょう。落葉まみれの体を横たえながら考えていたことは、このまま動けなくなってしまう前に早く人のいる場所に戻らなければならないということでした。また、街への距離が近く見えても絶対に谷には降りてはいけない、辛いけれども来た道を登り返し、頂上経由で帰らなければ……、ということです。その当時読んでいた山岳関係の本には、「迷ったらもとの道に引き返せ、知らない谷などには滝などがあるかもしれないので降りてはいけない」と、方々に書かれていたのです。

僕はあのとき、全身の痛みに耐えながら、落葉と土にまみれながら、その文章が頭に浮かんでいたのです。

＊

当時から海外の山の初登頂の新聞記事や山岳関係の本をたくさん読んでいた記憶があります。いまでもワルテル・ボナッティの『大いなる山の日々』、ラインホルト・メスナーの『冒険への出発』、小西政継の『マッターホルン北壁』などは、時々本棚から取り出して眺めることがあります。

また「岩と雪」の山岳年鑑や『日本登山大系』からはどれだけアイデアをいただいたか計りしれません。

2度目の事故体験

僕の2度目の大きな事故は高校2年生の17歳のときでした。このころはすでに、国内の大きな岩場をいくつも経験し、憧れだったロッククライマーになっていました。

北岳バットレス、谷川岳の一ノ倉沢、穂高の滝谷、剱岳の岩壁、どこでも素晴らしい体験をさせてもらいました。しかしそれらの岩場では、昔のクライマーが残したロックピトンを利用して登っていたわけで、ナッツやピトンを自分で設置する経験はとても浅かったのです。

事故は1982年、当時人気が出始めた、伊豆・城ヶ崎海岸でのフリークライミング中の出来事でした。門脇灯台という、サスペンスドラマの犯人が追いつめられる場面のロケ地に利用される海岸としても有名な場所です。それは大地から懸垂下降し、海面近くのテラスからスタートする「イクスプロージョン」というルートでした。

友人が最初にリードし、僕はテラスで確保していました。彼は真新しいEBシューズ〔当時の代表的クライミングシューズ〕で勢いよく登っていきます。でも下から見るかぎり、ナッツなどのプロテクションが全然効いていないように思えました。それでも彼は躊躇することなく10メートルほど上がりましたが、急に最後のハングで動きが悪くなりました。次第にプルプルと体を震わせ始めました。

突然でした。力尽きたのでしょう、岩から体が離れ、フアッと落ちてきました。驚くことに、設置したはずのプロテクションが全部、次々と外れていきます。僕は瞬間に「ヤバい」と思い、確保を解き、彼を両手で受け止めたのです。

それは2秒くらいの出来事です。

彼は下のテラスに叩きつけられはしなかったけれども、頭からはたくさんの血が流れていました。僕はといえば、墜落する重さ50キロ以上の体を受け止めたため左腕は完全に折れ曲がり、右手の甲にもヒビが入ったと思われる強い痛みがありました。

これほどの大事故の中でも、気持ちはいたって冷静でした。

慌てても仕方がないと思ったのでしょうか、友人に「自分の止血をしろ。そして僕の腕を服で巻いて固定してくれ」といいました。次に、何か起きたときのために地上の岩の角に固定しておいたロープに、ロープスリングを口などを使って巻き付け、荷物を整理した後、断崖の底にあるテラスから脱出したのです。

僕らの姿を見た観光客の顔が引き攣ったのは言うまでもありません。

二人は病院で治療することなく、友人は血で汚れた服をターバンのように頭に巻き、僕は落ちていた枝をギプスがわりに腕に当てたまま、言葉少なく伊豆急行で家に戻ったのです。

死亡事故に遭う

城ヶ崎での骨折から1年後だったでしょうか、同じ城ヶ崎で悲しい現場、死亡事故に遭遇しました。場所は、あかねの浜という、開拓されて間もないエリアでした。

僕らは「カームフライデー」というルートに取り付こうとしていました。隣のルート、「ラッキーストーン」には他のグループの一人が登り始め、まだプロテクションを1本も取れない状態でハングに差し掛かっていました。ハングの先端付近にナッツを設置しようと苦労している場面までは、見ていました。

なにかの拍子にバランスを崩してしまったのでしょう。下に叩きつけられてしまったのです。「ガチャン」という音を聞いて僕らはすぐに駆け寄りました。

後頭部を大きな岩に打ったんだと思います。それは衝撃的な現場でした。落ちた人は物凄い痙攣を始めていました。

落ちてしまった人のパートナーは医学生でした。「痙攣を止めてくれ、手足を押さえてくれ」というので、僕は一生懸命両手を押さえ、友人はバタついている足を押さえました。

彼は歯を食いしばって白目になっていました。舌をのみ込んでしまう可能性があるから、舌を

城ヶ崎海岸でクライミングを楽しむ

引き出してくれと彼のパートナーに言われ、僕はそのへんに転がっていたカラビナと棒を口に入れ、さらに口に指を入れて舌を引っ張りだすということを15分くらいやっていました。その間にパートナーは連絡に走りました。

最初は指を食いちぎられるのではないかというほどの力でしたが、だんだん痙攣は弱くなり、口の押さえも必要なくなって彼は動かなくなってしまいました。

目の前でクライマーが死んでいく姿を見たのはショックでした。

高校卒業後、アメリカはヨセミテ国立公園で数多くのクラックルートを登り、僕のプロテクション技術は向上しましたが、時折、ナッツやカムを設置するとき、城ヶ崎での二つの出来事を思い出すのです。友人を受け止めたときの衝撃、あかねの浜で人が落ちたときの音、これらは一生忘れることはないでしょう。

＊

城ヶ崎へは現在でも冬のシーズンに入ったら釣り道具を携え頻繁に出かけています。もしかしたら国内で一番好きなエリアかもしれません。時には登山家と称されることがありますが、穂高でも小川山でもなく、潮風を感じながら、冒険的なドキドキするようなクライミングを楽しめるうえに魚釣りが楽しめる岩、城ヶ崎海岸が一番のお気に入りです。

会心の登攀　トール西壁単独初登

１９８８年６月。カナダ北極圏、バフィン島。世界でも有数のビッグウォール、トール西壁の単独登攀に向かいました。23歳のときのことです。80年代に入っても単独で僻地の大岩壁に挑む者は少なく、それだけリスクの伴う行為だったことがうかがえます。

トール西壁。極北の氷河が切り取った岩壁は、荒涼とした大地から一気に１３００メートルも切り立ち、威圧するように上部はオーバーハングしていました。ベースキャンプから見上げていると視界がフラフラしてしまうほどの巨大さでした。

この大岩壁に興味を引きつけられたのは、当時滞在していたアメリカはコロラド州のボルダーという町の山道具の店で、アメリカの４人パーティが登ったスライドショーを偶然に見てからです。映し出された岩壁の写真は、日本では考えられないほどの高度感。大量の登攀道具とロープ、岩壁にぶら下げられた赤いテント、それらは大変ゾクゾクさせられるものでした。

「１９８８年６月20日、外に出ると、なんと青空が広がっている。二人の友人は僕のために、たっぷりバターがのったホットケーキを作ってくれた。二人は何も言わなかったし、僕も「じゃあね」、それだけ言って歩きだした。取付までのあの1時間の緊張は生涯忘れることはないだろう」と、当時の日記に残しています。

このように書いた理由に、バフィン島の大岩壁で事故を起こしても救助はいっさい期待できない、また、1週間以上になると思われる孤独に耐えられるかなどの不安に加え、6カ月前のある知人の死が、僕の挑戦に胸が苦しくなるくらいの緊張を強いていたからではないでしょうか。

その知人の名は中嶋正宏。僕よりも3歳年上で、フリークライミングもアイスクライミングも上手く、クライミングスピードも速く、僕よりもはるかに経験豊かなクライマーでした。

その中嶋さんは1987年12月、八ヶ岳の大同心正面壁を単独登攀中に、ロープ作業のミスだと思いますが、墜死してしまったのです。

バフィン島のトール西壁を一人で挑戦してみようと考えたとき、中嶋さんの死もあり、はたして30ピッチ以上になると思われるビッグウォールを、まったくミスを犯さずに登りきれるか不安だったのです。あれだけ優秀な中嶋さんが、たった5ピッチの容易なルートで亡くなってしまったのですから……。

ロープを使っての単独登攀の場合、まずビレイ点を作り、リードします。そして約50メートル登ったら終了点を作ってメインロープを外し、ビレイ点まで懸垂下降し、ユマール（登高器）を使っ

トール西壁に向かう

て登り返し、さらにバックロープで荷揚げ。仮に荷揚げのバッグが岩角などに引っかかったら再び下降し、直した後、荷物をまた引き上げる。

これをトール西壁の場合、30ピッチ以上。その複雑なロープ作業を、傷ついた指と疲労した頭と体で繰り返すことが予想されました。そうするとどこかで凡ミスを犯す可能性が出てきます。しかし、それを絶対に一度の作業ミスも犯さずに登らなければならないわけです。

もちろん、巨大な岩壁の中では形状を読み取り、落石の発生が少ない場所にルートを採り、もしも石が落ちてきてもロープを切断させる可能性のある位置にはビレイ点を作らないように注意しなければならないのです。

3週間の天候待ちの後、一人ベースキャンプを後にしました。孤独な登攀は実に8日間にも及び、そのうち後半の4日間は暴風が吹きつける極北の嵐の中のクライミングになりました。毎日15時間以上、ときには17時間以上の行動を強いられ、安眠を得るはずの寝袋は濡れ、やがて冷たく凍りつき、連日の嵐で気がつくと指は膨れ上がり凍傷にもなり始めていました。

登攀開始から5日目、6月26日の日記です。

「まだ生きていた。空は厚い雲に覆われている。体がだるい。手足の指は膨れ上がり感覚を失っている。とりあえず膝までのラッセルをしてヘッドウォールの偵察に行った。アメリカチームが登っ

取付から見あげるトール西壁

たラインは素晴らしいが、僕の残りのハーケン20本では足りない。さらに右のラインはチムニーに氷が張りつき無理だった。

さらに左にトラバースして赤いジェードルを見つけた。あれならば僕のテクニックと装備で抜けることができるだろう。たぶん5ピッチくらいで行ける。あと1日で岩壁を抜けられる。これが最後の壁になるだろう」

雑誌「岩と雪」には、このような文章を残しています。

「かぶりぎみのジェードルをステミングで1メートル1メートル高度を稼ぐ、下を見ればトール下のモレーンまで一気に1000メートル以上落ちている。凄い高度感だ。エイドに移って10メートルほど登ると、トール西壁の今回のルートの中で最も困難なセクションにぶちあたった。赤い色の非常に脆い岩は10メートルほど続いている。おまけにハングしている、僕は小さなナッツを丁寧にきめていく。いつ外れてもおかしくない代物だ。赤い壁を7メートルほど進み、ついに行き詰まった。ハーケンやナッツを使うようなクラックもなければ、スカイフックをかけるだけの強いエッジもない。

（中略）

何よりも恐ろしいのはビレイポイントのナイフブレードだ。もし墜落したら、あのビレイポイン

トール西壁登攀を終えて

トは必ず吹き飛ぶだろう。退却も不可能だ。まさに絶体絶命のピンチ。神様、仏様、僕を殺さないでくれ。顔を岩にこすりつけ錯乱気味の自分をとりもどそうと必死になる。『落ちつけ、もう少しで終わりだ』再び顔を上げると弱点が見えてきた。小さなフレークが2つ縦にとび出している。フレンズの4番をセットしてみると片方のカムがわずかに引っ掛かる。もうこれしかない。

（中略）

頂上稜線まで残すは70度ほどの雪壁のみだ。それも5〜6メートル。ピッケルを持っていない僕は、両手を雪に突っ込み前進する。ロープの重みで何度も落ちそうになりながら登る。稜線まで2メートル、1メートル。両手を稜線にかけマントリングのように引きあげる。

やっとの思いで雪面にはいあがる。全ての力を出しつくした僕は立ち上がれない。ただ目の前に僕の知らない岩壁群が氷河の上にどこまでも、うち続いていた。生きて帰ることができる。二人に再び会うことができる。『スーパーソロクライミングは成功したのだ』雪面に大の字になりながら胸が熱くなるのを感じた……」

緊張が緩んだのか、山頂では涙が出ました。これ以前もこれ以降も山で涙を流したことはありませんが、ゆっくり確実にやれば僕みたいに才能のない人間でも山頂に立てるんだとわかった瞬間でもありました。

落石について

落石を見極めるのはベテランといわれる人でも難しいものです。今までに遭遇した落石で最も規模が大きかったのは、さきほど紹介したバフィン島のトール西壁での登攀中でした。上部岩壁に破砕帯でもあるのでしょうか、日に何度かは稜線近くから巨大な石が落下してきたのです。それは乗用車サイズの石もありました。

上部のオーバーハングからの落石なので、僕には当たることはありませんでしたが、後ろを通過されるたびに身を縮ませていました。

僕の登攀から9年後に友人の阿部剛がトール西壁単独登攀中に墜落が原因で亡くなったと聞いていますが、あのトール西壁ですから落石の影響があったかもしれません。

さらにレディースフィンガーでは、僕らの登攀から2年後、ウルタルⅡ峰の劇的な初登頂に成功した松岡清司が、氷河のアプローチ中に岩雪崩で亡くなっています。

もしも彼から事前にアプローチについて尋ねられていたら、的確なアドバイスができていたかもしれません。

落石を確実に回避することはやさしくありませんが、細心の注意を払えば確率的にかなり低くすることはできます。

1991年の冬、僕も富士の強力の仕事で下山中にこぶし大の石が脛に当たり、酷い骨折をしています。あのときも気温の上昇に気がついていたものの、沢の中央部を呑気に歩いていたのは、あまりにも油断しすぎでした。

地震など予測不可能な場合を除き、戦略としてはガレ場ではパートナーと離れず歩く、また先行するクライマーがいる場合は同じルートを避け、脆い岩場での懸垂下降では短くピッチを切りフォールラインには立たない、などの細かい配慮はいくつも考えつきます。

雪崩と同様に運に左右されているように見える落石ですが、多くは、雨、風、気温などの気候と岩質、さらに地形全体を読み取れば回避できる可能性は高まると思います。

ソロ

山の仲間たちから「あいつが一番死ぬ確率が高い」と噂され始めたのは20代前半のことでした。その理由として、山への激しいのめり込み方に加え、国内はもとより海外でソロクライミングを行なっていたからだと思います。独学に近い形で、試行錯誤で能力を向上させていった僕としては、一人で登ることは特別なことではありませんでした。確かに、ときにはだれかと会話しながら登ってみたい、あるいはロープの片側を友人に握ってもらい確実な確保を頼みたいと思うこともありました。

しかし、ソロクライマーとして何年も歩んだ一番の要因として、友人との登山への情熱の違いを感じていたからでしょう。

「皆は僕ほど山が好きではないのでは？」

「中途半端なクライマーと一緒には組みたくない」

などと、偉そうなことを当時は思っていたのです。

また、単独で成功したときの達成感は何物にも代えがたいものです。誰の助けも得ず、全てを自力で行なうことで、登攀の思い出も、チームで登るときよりも強烈に記憶されていたのです。

しかし、あまりにも多くのソロクライマーが、登攀中に亡くなっている事実は隠しようもありません。パーティでの登攀と比較しても、恐ろしい確率でソロの方が事故は多いのです。

アンデスのワスカラン北壁登攀などで知られるイタリアのレナード・カーザロットは、１９８６年、Ｋ２の氷河でクレバスに落ち、ベースキャンプで待機していた妻と無線で交信しながら亡くなりました。

アンデスやヨーロッパ・アルプスでの驚異的なスピードクライムで知られるフランスのニコラ・ジャジェールは、その当時誰も成功していない巨大なローツェ南壁に挑み、行方不明になりました。スロベニアのスラヴコ・スヴェティチッチは１９９５年、バルトロの「輝く壁」、ガッシャブルムⅣ峰西壁で墜死したといわれています。

アンナプルナ南壁下山中にパートナーを失い、本人も落石で腕を骨折したものの生還したフランスのジャン・クリストフ・ラファイユは、同じヒマラヤの高峰マカルーで行方不明になりました。最近でも、クライミング界を騒がせたナンガ・パルバット南壁のレスキュー事件後、一人ひそかにランタン・リルンに向かったスロベニアのトマジ・フマルは、大怪我を負い、数日後に亡くなったと聞いています。

日本のソロクライマー鈴木謙造とは、いつか一緒に登ろうと約束していたのに、フランス、シャモニのフレンド稜でバランスでも崩したのか、墜死してしまいました。

ソロは確かにリスクが高く、実際に多くの悲しい現実はありますが、僕が想像できうる、この世の最も美しく思える行為とは、巨大な山にたった一人、高みに向けひたすら登っているクライマーの姿なのです。

アルパインクライミングのためのトレーニング

１９９０年から、雪、氷、岩などがミックスされたアルパインクライミングを主体に登り始めます。初めての高峰ブロードピーク（８０４７メートル）へ出発する半年前の冬の日記を見ると、12月は、13日・谷川岳西黒尾根、14〜15日・八ヶ岳南沢大滝、大同心大滝（ロープをつけない単独登攀）。22日・谷川岳一ノ倉沢南稜（単独4時間30分）。31日はフランスのスピードクライマーたちを意識して北アルプス横尾〜屏風岩1ルンゼ〜前穂北尾根〜4峰正面壁甲南ルート〜前穂高岳〜北尾根〜横尾（単独、23時間）なども行ない、3月で見ると2日、谷川岳一ノ倉沢一ノ沢右壁左方ルンゼ（単独、出合〜終了点1時間30分）。10日、谷川岳一ノ倉沢一ノ沢右壁左方ルンゼ、17日は谷川岳の長大なアイスルート・一ノ倉沢滝沢第三スラブを出合から稜線まで2時間30分の単独登攀に成功しています。

これらのクライミングはあくまでも完登したものであって、その他、途中下山したものや、小さな岩場、日々のトレーニングを考えると、かなりの運動量をこなしていたことがうかがえます。

ヒマラヤの高峰を目指すようになると、今まで岩登りのために上半身ばかり鍛えていたものを、必然的に脚力や心肺機能を重視したトレーニングに変えてきました。

1週間に4回は高低差400〜500メートルの林道を、胸が苦しくなるくらいまで走り込みました。奥秩父全山や八ヶ岳全山などをカモシカ山行、今でいうトレイルランニングをして鍛えていました。

家でも腹筋運動に加え、酸素をたくさん取り込めるようにと15分は腹式呼吸の練習をしていました。そのほか脂肪はもちろん、大きな筋肉をつけないように注意し、毎日体重計に乗るようになったのもこのころからです。

体力に余裕があれば登山中でも視野を保て、危険を見抜く能力が保たれるのを経験からわかり始めてもいました。なによりも、目指していた当時の登山が、体力がなくては決して頂には到達できないものばかりだったのです。

また、トレーニングは肉体だけでなく、想像する、イメージトレーニングのようなものも行なっていました。たとえば1993年、パキスタンのガッシャブルムⅣ峰（7925メートル）の東壁に向かう1カ月前、家の部屋で横になり深呼吸しながらこんなことを想像していました。

「長いトレッキングの果てにたどり着いた寒々しいベースキャンプ。体調を崩しているが、強い気持ちを維持している」

「悪名高きクレバスだらけのガッシャブルム氷河。確保してくれる人は誰もいない。怪しいルート

トレーニングでよく登った谷川岳一ノ倉沢

は決して選ばない。それでも落ちたときのことを考え、両手にアックスを握りながら歩く」

「５７００メートル付近から、ピラミッドのようなガッシャブルムⅣ峰が見えてくる。緊張のあまり心拍数が上がるが、しっかりと目標の東壁のコンディションを見極めている」

「氷河上のキャンプでは時間はかかるが面倒がらずに水を作り、お茶をたくさん飲む」

「テントから頭を出すと、北から雲が流れているのが見える。この冒険を精いっぱい楽しもうと決意する」

「暗い時間からアタック。強い孤独感はなくなったが、不安からか、まだ完全には集中しきれていない」

「ハーネスにカラビナとロックピトンは装着するが、動きの邪魔になる細いロープはザックに入れたまま東壁に入っていく」

「黄色の大理石の岩はロックピトンを受けつけないほど硬い箇所が多い。黒い崩れやすい岩が突然現われ、５級の難しさが続くが、冷静にアイゼンの前爪を使って踏み込んでいく」

「登りながら下山予定の北東稜の形状を記憶する」

「核心部と思われる７０００メートルで雲の流れをもう一度見る。再び登攀に集中を戻す」

このように具体的に想像していたのです。

ガッシャブルムⅣ峰東壁。天候悪化のため頂上をあきらめ、上部雪田から下降した

順調に進んでいる場面だけではなく、頂上直下で悪天候になった場合はどうやって降りるかなど、悪い状況も頭の中で描くのです。想像が具体的になるに従い、心拍数も上がることがありました。

１９９３年の夏、憧れだったガッシャブルムⅣ峰ですが、標高７０００メートルで天候が悪化し、この状況では頂上に向かうのは危険だと判断してクライムダウンで降りることを決めたのです。それは日本を出発する前から想像していた一部でもありました。たぶん頂上まで突き進んでいたら生きては帰れなかったでしょう。

＊

想像すること……。僕の最も得意とする分野かもしれません。今でも、八ヶ岳のような小さな山に行く前日でも、色々なことが頭に浮かんでしまい、眠れないことがあります。それは自慢しても良いことなのでしょう。

登山経験が増えるに従い、ますます想像力が豊かになってきています。幸か不幸か、山の中で実際に想定外の出来事に遭遇する機会は減りました。

出発前にガイドブック、あるいはインターネットで情報収集することも必要かもしれませんが、それ以上に色々な状況を事前に想像しておくことも、とても大切に思えるのです。もしも「最悪」といわれる状況になったとしても、それに対する心構えを頭の中で描けていれば、冷静に対応もできるでしょう。

晴天の空のもと、順調に真っ白な雪の稜線を進んでいることを想像すると、登山意欲をかき立てられて幸せな気分になります。しかし、過酷な状況を想像することも必要だと思っています。渓谷の中で突然に豪雨が降りだしたら、ロープで繋がるパートナーが大墜落したら、憧れの山を目の前に雪が降り出したら、何時でも雑誌やテレビの中の山登りのように、上手くいくことはないのです。

出発前夜、ドキドキして一睡もできなかったとしても心配はしていません。それすらも最近では予定どおりなのです。

でも、面白いことに、頂に立つ自分の姿をなかなか上手く頭の中で描くことはできません。あえて楽しみは大切にとっておこうという心理が働いているのかもしれません。

若き日の雑誌インタビューより

今から27年前、強気で突っ走っていることが格好いいと思っている、一人の若者がいます。最初に紹介するのは、1年5カ月間のアメリカ、ヨーロッパクライミングから帰国して間もないときの『岩と雪』でのインタビューの一部です。

「考えるだけでワクワクするような感じになってこないと、行っても無駄だね。死ぬだけだもんね。」

【「岩と雪」125号（1987年12月）より】

フリー・クライミングからビッグ・ウォールへ。5・13まで登ったら、と目途をつけていた彼は、今春のスフィンクス・クラックを区切りに大岩壁のソロを目ざした。まずエル・キャピタンのラーキング・フィア（5・10、A3＋）を登り、余勢を駆ってドリュ西壁フレンチ・ディレッティシマ（6b、A3）にも成功した。

――なぜビッグ・ウォールのソロを？

アイス・クライミングとかフリー・クライミングとかウォーター・クライミングとか、いろいろあるけど、ビッグ・ウォールのソロっていうのがいちばん危険でしょ。危険な分野だからもっとも好きなんだよね。どんどん難しいのが出てくるところをひとりで解決していくのが最高に面白い。二人でやるなら簡単だよね、プレッシャーないし。ひとりだと行く前からすごい恐怖感あるしね。それだけにやりがいもある。

――フリー・クライムは？

最初はオーソドックスなやつをやってたけど、フリーは当時から人気があった。そのころには、ビッグ・ウォールやるには（フリーの力が）必要じゃないかって思ってた。それでフリーやるようになったんだけど、そうしたら熱中しちゃってね。今度は5・13までやってやろうか、なんて。世界の最高は5・13だったから。

――どんぐり山の会の青沼雅秀さんなんか影響うけた？

すごく尊敬してたね。フリーができて人工（エイド）もできて、すごいなあと思った。根性あるなぁと。だけどな……。俺のやってることはまだたいしたことじゃない。だってカーザロットとかジャジェールとか、死んじゃったけど、ひとりでヒマラヤのビッグ・ウォールに挑んだんだからね。

いつかはやってみたいね、そういうのを。5年以内には勝負したい。

――日本では登る気ないの？

やっぱり国内だとトレーニングになっちゃうような気がするね。とにかく外国にいて、いろんな国でビッグ・ウォールをやりたい。できれば人のいないところ。南極とかグリーンランドとか、あいうところにひとりで行ってビッグ・ウォールを登れたら最高だと思う。

――いまはアルパイン・クライムよりフリーの方が目立っているようだけど、そのへんはどう思う？

はっきりいって、フリーの方がすごいことやってるでしょ。トレーニングを比べたって全然問題にならない。日本のアルパイン・クライマーはトレーニングしてるかっていうと絶対してないでしょ。フリー・クライマーなんか毎日懸垂やってウェイト・トレーニングしなきゃついていけない時代でしょ。目立ってあたりまえですよ。アルプスだってプロフィとか、ああいう人たちはすごいトレーニングしているわけ。

――去年のアメリカはずっと平山（裕示）君と一緒だったでしょ。彼に刺激なんかうけた？

刺激あったね。やっぱり、めちゃくちゃ上手（うま）いし、元気だし。日本のフリー・クライマーの中じゃ難しいルートに取り付いてる回数がいちばん多いでしょ。

──彼はルートの陥し方も上手い。

そうそう、読んでるよ、考えてるよ、かなり。ムーヴとかすごく考えてるね。人の動きも絶対見のがしてない。よく見てるね。ちょっといい動きした奴のは真似してるもんね、次には。ああ、上手いなって思ったね。トライもめげずに何回もするし。

──彼はもっと伸びるだろうね。

だからね、日本にももっとたくさん5・13ができるといいね。俺は当分やらないだろうけど、フリーは。

──じゃあこれからはビッグ・ウォールばかり？

パタゴニアあたりね。だけどまだ何も決まっていない。どこそこを登ろうと、考えるだけでワクワクするような感じになってこないとちょっと、ね。気持ちが充実してなかったら行っても無駄だよね。死ぬだけだもんね。変なふうに取り付いちゃったらだめだから。登りたいんだ、登りたいんだ、と思ったとき登った方がきっと安全だと思うよ。

──そういう気分はフリー・クライムでもあるでしょ。

そうだね。だからコズミック・デブリを登ったときはすごくうれしかった。怪我した年からあれは狙ってたんだ。みんなにはいわないけど、そのときからデブリにさわってみたいって思ってた。

あれだったら登れるんじゃないかなっていう気があったから。結局怪我しちゃったでしょ。それで次の年に登った。怪我の後トレーニングは最高にやったし。それに比べるとスフィンクス・クラックはあまく面白くなかった。

――どうして？

ようするにさ、デブリが5・12台に格下げされたっていうんで5・13のルートをさがしたんだよね。で、有名なスフィンクスをやるか、と。見たことも全然ないのに。だから仕事っていうか、義務的な感じがあったからそのぶん感動は少なかった。デブリの方は1年以上想い続けてたから感動したけれど、スフィンクスはちょっとむなしい感じがあった。

――で、とにかく5・13をやった以上はビッグ・ウォールを……。

当分ビッグ・ウォールに専念しようと。だからラーキング・フィアはもう最高にうれしかったね。最初一ピッチ目からだめかな、なんて思ったけど。やっぱり難しいんだよね、あんなにでかい壁だし。でもね、自分の買ったギアを見ると、金これだけ払ったしな、しょうがねえなって。これから世界のビッグ・ウォールをソロでやるのにエル・キャプぐらいひとりで登れなきゃ、と思ってね。

（聞き手＝保科雅則）

＊

次に紹介するのは、１９８９年、冬のパタゴニアへ向かう直前の「クライミングジャーナル」でのインタビューです。過激な発言ですが、徐々に広がりつつある恐怖感を人前では隠そうと必死だったのかもしれません。

成功率3割くらいが一番面白いね

【「クライミングジャーナル」43号（１９８９年9月）より】

——パタゴニアに行くそうですね。ちょっと計画を聞かせて下さい。

山野井　5日後に日本を出発するんですけどね。セロ・トーレかフィッツ・ロイ、どっちにするかは行ってみてから……。

——えっ？　決めてないの？

山野井　いや前から行こう行こうとは思ってたんだけど、本気で計画したのは今年の5月連休すぎてからですからね。ルート図とギアは両方分持っていって、セロ・トーレだったら南東稜、フィッツ・ロイならカーザロットのルート（北東バットレス）か東壁のどこかって所かな。でも冬でしょ、今回は。はっきりした事は何もわからないんですよ。

——今まで冬にパタゴニアに入ったパーティはいるんですか？

山野井　イタリア隊が3年前にセロ・トーレを登って、フィッツ・ロイも2年前にアルゼンチン隊だかに登られてると思いましたよ。その他にも4～5隊は入ってるって聞いたけど。でもどっちにしろ情報はほとんどないに等しいですからね。アプローチがどうなるとか、壁がどうなるとか、もしかするとベースまで行きつけないかもしれない。

——しかも単独でしょ？　ちょっと無謀な気がするけどなあ。

山野井　そうですか？　僕はベースまで入ればなんとかなるんじゃないかなんて思ってるんだけど……。

——なんでまた冬なんかに行くんですか？　とりあえず夏に一度行ってからとは考えなかったんですか？

山野井　それじゃ面白くないじゃない。ただバフィンで会ったイタリア人の話では夏ほど風は激しくないし天気も意外ともつみたいですよ。問題は湿気と寒さで、これは相当なものだとか。

——成功率はどの位？

山野井　3割位じゃないですか。

——3割!?　ちょっと低すぎるんじゃないですか。

山野井　そうですか？　でも5割あったら行かないですね、僕の場合。もう面白くないね。

特集・世界のビッグウォール
インタビュー

山野井泰史

成功率三割くらいが一番面白いね

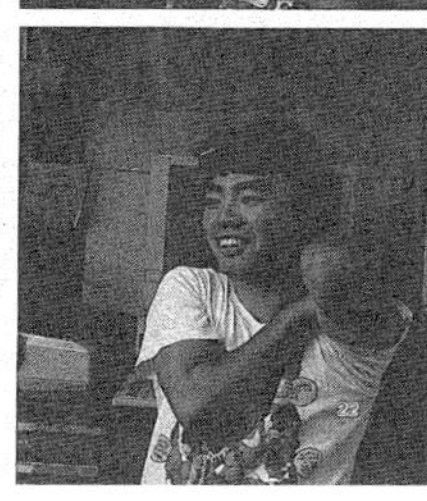

――パタゴニアに行くそうですね。ちょっと計画を聞かせて下さい。

山野井　5日後に日本を出発するんですけどね。セロ・トーレかフィッツロイ、どっちにするかは行ってみてから……。

――えっ？　決めてないの？

山野井　いや前から行こう行こうとは思ってたんだけど、本気で計画したのは今年の5月連休すぎてからですからね。ルート図とギアは両方分持っていって、セロ・トーレだったら南東稜、フィッツ・ロイならカーザロットのルート（北東バットレス）か東壁のどこかって所かな。でも冬でしょ、今回は。はっきりした事は何もわからないんですよ。

――今まで冬にパタゴニアに入ったパーティはいるんですか？

山野井　イタリア隊が三年前にセロ・トーレを登って、フィッツ・ロイも二年前にアルゼンチン隊だかに登られてると思いましたよ。その他にも4～5隊は入ってるって聞いたけど。でもどっちにしろ情報はほとんど無いに等しいですからね。アプローチがどうなるとか、壁がどうなるとか、もしかするとベースまで行きつけないかもしれない。

――しかも単独でしょ？　ちょっと無謀な気がするけどなあ。

山野井　そうですか？　僕はベースまで入ればなんとかなるんじゃないかなんて思ってるんだけど……

――なんでまた冬なんかに行くんですか？　とりあえず夏に一度行ってからとは考えなかったんですか？

山野井　それじゃ面白くないじゃない。ただバフィンで会ったイタリア人の話では夏ほど風は激しくないし天気も意外ともつみたいですよ。問題は湿気と寒さで、これは相当なものだとか。

――成功率はどの位？

山野井　三割位じゃないですか。

――三割!?　ちょっと低すぎるんじゃないですか。

山野井　そうですか？　でも五割あったら行かないですね、僕の場合。もう面白くないね。

――それは凄いことだけど……ちょ

「クライミング・ジャーナル」43号より

――それは凄いことだけど……ちょっと無謀すぎないかなあ。たとえばこの記事読んでその手のクライマーが続出したらどうします？

山野井　うーん、でも僕の場合ちゃんと降りてこられる自信はありますからね。今までの経験で自分の限界は把握しているから、ロープとギアさえあれば絶対降りられると思う。一人だと敗退もしやすいし。

――今回のパタゴニアはどんな困難を予想してるんですか？

山野井　まあ垂直の壁にビッシリとベルグラが付いて、西から思いっきり風に吹かれているような状況は頭に浮かびますね。ただ壁自体の難しさは今までエル・キャピタン、ドリュ、トールと登ってきたのとそんなに変わらないと思う。どっちかというと壁を登っているよりも雪洞の中でじっと待っているイメージの方が強く湧きますね。そっちの方がたまらなそうだな。

――何か特別なトレーニングなどは？

山野井　普通のフリークライミングと、ジョギングぐらいかな。実際トレーニングも何も、今回は僕には未知の部分が多すぎてね。雪洞掘ったことない、ワカン履いたことない、アイスクライミングも冬期登攀も数えるほどしかやったことない。

――それでも冬のパタゴニアに、しかも単独で行っちゃうわけ？　若いクライマーが全員同じことしたら死人が絶えませんよ。
山野井　そうですねえ……。そう言われると困っちゃうね。
――どうもあんまり考えてないように思えてしょうがないんですが……。
山野井　いや、でもけっこう家じゃストイックになったりしてるんですよ。部屋かたづけたり、エロ本捨てたりして……。
――おっ、少しは覚悟を決めてるのかな？
山野井　実は今回ちょっと動機が不純でね。ドリュやトールのときは純粋にそのルートが登りたかったんだけど、今回はまず先に〝凄い記録〟ってのがあったわけ。それで、それなら冬のパタゴニアをソロでと。まあ、いわば名誉欲にかられたわけですね。だから今回はちょっとヤバイかなっていう予感もするんですよ。
――それでも行っちゃうわけ？
山野井　行きます。最初の動機は何であれ、今は純粋に登りたいですからね。でも今の状況（６月はじめの暴動のため、アルゼンチン全土に戒厳令がしかれた）じゃ困っちゃうなあ。
――プレッシャー入りそうですね。
山野井　プレッシャーというか、危険は僕は好んでますから。いや危険というよりも危険を克服する事かな。危険がなかったら面白みがないでしょ。だからどんな壁に行く時でもそれなりのプレッシャーは必ずありますよ。バフィンの前はけっこう厳しいトレーニングしてたから毎週のようにあったな。買物なんかしてスーパーから出てきたら風がやたら冷たく感じたりさ、街の音楽がやたら大きく聞こえたりさ、あるでしょ、そういうの。

——今回もかなり……。

山野井　いや、今回の場合ないんですけどね。今のところは。

——でもこのまま行ったらどこかで出るんじゃないの？　押しつぶされるようなやつが。ブエノスアイレスとか、プンタアレナスとか……。

山野井　ロスとかね。なにしろ今回は最初からまるっきり一人でしょ。その辺の調整が難しいんですよ。だから成田も一人で行く。サヨナラなんて言われたら最悪だからね。

次はアンナプルナの南壁かな

——ところで山野井さんは今まで大きな壁をいくつか登ってきたわけだけれど、ビッグウォールに最も必要なものは何だと思いますか？

山野井　やっぱあれだろうな、楽しむことだと思うよ。クライミングそのものを。たとえば40ピッ

1990年、パタゴニアのフィッツ・ロイの冬季単独初登頂に成功する

チの壁なら常に40ピッチのスケールに圧倒されてるんじゃなくて、とりあえず今日は4ピッチを楽しもうって感じだね。実際に登る時なんか口笛吹いたりしてさ。けっこう楽しんでますよ、僕は。だから今度のパタゴニアも厳しいかもしれないけれど、基本的には楽しもうってつもりで行きますよ。

――じゃあ少しは気が楽だね。今後の計画は？

山野井　まあ旅行が好きですから、基本的には。あちこちの大きな壁を色々登りたいなと。で次はヒマラヤの、具体的にはアンナプルナの南壁なんかを考えてるんですよ。冬に、ソロで、とか。

――大変な計画ですね。

山野井　だから今度のパタゴニアはそのための最後のステップと考えているんですよ。

――最後なんて言わない方がいいよ。

山野井　いや、あくまでステップとしてですよ。でも僕の場合、ステップは地道に踏んでいくより大きい方が好きですね。その方がドッと感動があるでしょ。

（聞き手＝菊地敏之）

いま、ふたつのインタビューを読み返してみると、本当に大胆で生意気な若者ではありますが、山への想いだけは正直でなければいけないと、一生懸命さもみえます。

すべてが完璧だった　チョ・オユー南西壁アルパインスタイル・ソロ

あれは僕の中では数少ない完璧に近い形で終えたクライミングでした。身体の状態も、精神のバランスも、アルパインスタイル・ソロというクライミング方法も、満足できるものでした。

あれもこれも鮮やかに蘇ってきます。

１９９４年９月。８０００メートル峰の一つ、チョ・オユーの南西面。６０００メートルの氷河から頂まで、標高差で２２００メートルにも切り立つ岩と氷の南西壁を、一度も試登をすることなく、47時間というスピードで、単独で新しいルートから登り切ったのです。ひとつの夢が達成されたクライミングでした。それは29歳のことです。

これを成功させるために「心、技、体」はもちろんのこと、装備にもとても気を遣いました。装備はぎりぎりまで切り詰めて軽量化を図り、いくつかは快適さや強度さえも無視しました。装備が重くなるとクライミングスピードは鈍り、落石や落氷の可能性の高い地帯を素早く移動できないうえ、微妙なクライミング動作への妨げにもなります。また、これはどんな登山にも当てはまると思いますが、荷物が軽ければ軽いほど、どんな斜面にもバランスを崩すことなく対応でき、さらに開放感を味わいながら登ることができるのです。

チョ・オユー南西壁のソロクライミングに使用した装備を紹介したいと思います。20年前のことなので、すでに製造されていないものも数多くありますが、当時は何度も考えて選んだ装備です。

●下着……マジックマウンテンのサブゼロ。化学繊維でできた厚手のもので、今でも使うことがあります。

●靴下……毛の厚手のものを1足、予備1足。

●中間着……モンベルのフリース素材のワンピース、同様の製品を90年の冬のパタゴニア、フィッツ・ロイのソロクライミングでも使用。

●ダウンジャケット……重量が300グラムほどのモンベル製品。

●ジャケット、パンツ……中綿のない1枚地のものを着用。ヘルメットは被らなかったが、頭の動きを妨げないように、自分でフードを大きめに改造。

●目出帽……パタゴニアのフリース素材のもの。

●グローブ……ブラックダイヤモンドの、手のひらが合成皮製で中綿入りの一体型(昔から不器用で、アイゼン装着などは素手で行なっていた)。予備として毛の手袋1組。

●靴……スカルパのプラスチックブーツ。普段のサイズよりも1センチ以上大きい。

単独アルパインスタイルで新ルートを拓いたチョ・オユー南西壁

●インナーシューズ……ＩＣＩ石井スポーツオリジナル。暖かく、また蒸れることなく、勝手に〝白熊くん〟と呼んで多くの遠征に使用した。
●アイゼン……溝渕さん（ミゾー）のチタン製アイゼン。氷への刺さりは少々悪かったが、非常に軽く、これも多くの遠征で使用した。
●アイスアックス……マウンテンテクノロジー。
●ロープ……6ミリ×30メートル。フリーソロを想定していたので、いざというときの下降用にと考えた。
●カラビナ……墜落には耐えられないが最軽量のものを４つ。
●ロックピトン……チタン製の薄刃を３枚。
●アイススクリュー……チタン製を４本。
●ナッツ……少々。
●ザック……マジックマウンテンの30リットル。余分な部品を切り４００グラムに。
●ビバーク用テント……マジックマウンテン・アルパインスタイルを本体のみ使用。余分な部品を切り９５０グラムに。
●銀マット

●寝袋……マウンテン・イクィップメント社製。本体600グラム。
●コンロ……EPI社ガスヘッド。250ミリリットル・ガスカートリッジ2つ。
●クッカー……ガスカートリッジが入る大きさのエバニューのクッカー1つ、ネパールで買った10グラムほどのフォーク。
●水筒……エバニューの300ミリリットルのポリタンク。
●その他……ヘッドランプ、ライター、トイレットペーパー、黒ビニール袋(太陽で雪を水に)、オリンパスコンパクトカメラ、サングラス。
●食糧……軽量化を最も図れるのは食糧です。日記などに記入していないのではっきりはしませんが、主食のインスタント焼きそばとマッシュポテト、その他スープ類などを合わせて全部で500グラムくらいだったと記憶します。実際の登攀中に担いでいたのは全部で5キロを切っていたでしょう。

1994年9月21日、昼の12時。大登攀にしてはあまりにも軽いザックを背負いベースキャンプを後にしました。

南西壁までは4時間では到着するだろう。実際の登攀開始は太陽が完全に沈み、雪がしっかりと締まる20時を予定しているので焦る必要はない。ゆっくり確実に進めばよい。

下半身に乳酸をためないように、バランス感覚を必要としない平らな瓦のような石を選び、尖った石を避けながら足を進める。とても長い氷河ではあったが、起伏の少ないラインは瞬時に判断できているので脳と身体に負担をかけないで歩いていられた。

16時、予定どおり屏風のような広がりを見せる南西壁のスタート地点に到着した。すでに壁の傾斜、そして岩と雪の配置はもう頭に叩き込んでいるので、緊張を高めないように、意識的に壁を眺めないようにした。

太陽で温められたベッドのような岩を選び、そのうえで横になりながらお菓子を口に入れる。今日だけで3回目になるだろうか、ザックの中身を点検する。

時々視界に入る南西壁の雪面に早くピッケルを突き刺したいという気持ちが湧きあがるが、雪はまだ柔らかそうな色をしている。スタートさえすれば全力を傾ける僕がいるのを知っているので、焦らなくても良いだろう。

19時、太陽が西の山の尾根に隠れ始めた。

登攀開始予定まで1時間以上あるが、ダウンジャケットを羽織り、岩壁登攀を想定して靴ひもをいつもよりも強めに結び、チョコレートとビスケットで腹を満たす。

「この登攀を精一杯楽しもう」と、気持ちが徐々に集中していくのがわかった。

太陽が完全に沈み、暗さが増した20時に出発する。この山に自分がしっくりいっていることを感じながら上を目指した。

夜を迎えた秋のチベットは、動きを止めると筋肉が硬直してしまうほどに気温が低くなっているので、正しいスピードを維持しなければならない。暗闇の中、氷壁にピッケルとアイスバイルを交互にリズムよく打ち込んでいくとザック、ザックと気持ち良い音が響いていた。

自分の呼吸音に耳を傾けてみると、意識しなくても規則正しく深い呼吸はできているようだ。ときどきアイゼンがしっかりと氷を捉えているか、足元をヘッドランプで照らし、確認しなければならない。夜間登攀のため高度感は感じないが、一歩のミスが命取りになるからだ。

登攀を開始して15時間、朝の光がヒマラヤの空を白く染め、南西壁が再び全容を明らかにし始めてくれた。技術的な核心部の岩壁帯を素早くフリーソロで通過し、長い雪と岩のミックス壁のトラバースに入った。左上部には黒と白の層がはっきりとした岩壁がのしかかり、３００メートルほど右上部には雪を削り今晩を過ごせそうな小さな露岩あり。そこに至るまでに無駄な体力を使わずに登れるライン、あるいは落石などの可能性のある斜面など、僕の目は生き残るために自動的に焦点を合わせてくれている。

登攀開始してから18時間、すでに高度は7300メートルを超えている。薄くなり始めた酸素のためだろう、視野が僅かに狭くなり頭の芯が痺れ始め、同じ動作の繰り返しから、危険に対する感覚が薄れ始めていた。足元は標高差で1000メートルちかく氷河まで切れ落ちている。この、普通ではない状況に慣れてしまわないように「ここで落ちたら死んじゃうよ」とあえて声に出してみると、僕がヒマラヤ8000メートル峰の大氷壁のなかを単独で登っていることを思い出させてくれた。

翌22日、8100メートル地点。登攀開始してから45時間。傾斜は緩くなり始めたが、泥沼のような深い雪は膝まで潜ってしまう。ヒマラヤの山々が眼下に広がっているのは感じるが、もう僕にはチョ・オユーの頂にしか興味がなかった。

心臓と肺が破裂してしまうのではと思えるほどに激しく呼吸する。

一気に3歩とは進めなかった。すねの部分を使った独特の歩行方法に変えてみると、休まず5歩は進める。わずかな荷物なのにすべてを捨てていきたい衝動が湧きあがるが、生きて帰らなければならない。前進しながらヒマラヤの真っ青な空に向かって「ウォー」と唸り声をあげる。声を出すたびに、クライミングマシーン化していた自分が、酸素が取り込めたただからだろうか、意識のあるまともな人間に一瞬戻れるようだった。

午後4時30分。舞台のような真っ白な台地状のチョ・オユーの８２０１メートルの頂に、ピッケルをゆっくり突き刺した。

到達してみると激しかった呼吸はおさまり、ただヒマラヤの山々を見渡す僕がいた。大きな夢を摑んだ瞬間ではあったが、なぜか湧き上がるような強い感動はなかった、ただその場がとても心地良い場所になっていただけだった。

いったい何分、頂で微風を感じていただろうか。しばらく残照を浴びながら雪面に座り込んでいたが、そろそろ２５００メートル下のベースキャンプへの道のりを始めなければならない。チョモランマやギャチュン・カンとは反対の、緩やかな北斜面に足を向けなければ帰ることができないことを知っている。さらに安全地帯に入るまでは心の底から達成感を味わうことができないであろうことも知っていた。

＊

あまりにも鋭敏すぎる登山への感覚と、細かすぎる身体への配慮は、時として登る面白みを失いかねないとは思いますが、なぜか意識せずとも頭が働くのです。それは近所の山々をハイキングしているときにでもです。

目の前に広がる特徴的な木や石を、必要に迫られていないのに覚えることがあります。また、しっかり足場を確認しながら歩いているつもりなのに、葉につく小さな昆虫を見つけることもあります。友人たちが楽しい会話をしながら歩いている隣で、ハイキングのはずなのに神経が自然に研ぎ澄まされることがあります。

僕は登山中だけは、なぜか脳が活発に動き、アンテナの感度が良くなるようです。それでも相変わらず頂から望める山々の名前を覚えられません、また、ほとんどの方が知っていると思われる花の名前も、星座も、わからないのです。

あるいは登山者の基本であるといわれる気象や地図に対する知識も初心者同然です。「知識よりも感じる心が重要なのさ」と友人にはうそぶいていますが、はたしてこれで良いのでしょうか。

第2章

パートナーが教えてくれたもの

それほど多くのクライマーと一緒には登っていませんが、パートナーから学んだことはいくつもあります。ここでは印象に残るパートナーを紹介したいと思います。

確実な下降テクニック――中垣大作

まずは中垣大作。

彼とは1995年、パキスタンのフンザに針のように鋭く聳えるレディースフィンガーの南西壁を一緒に初登攀し、2年後には同じくパキスタンのソスブン氷河の6000メートルの無名峰を頂上直下まで登る遠征を行ないました。

彼は伝統ある山岳会に所属していたので、登山の基本は完璧でした。重い荷物でも担げそうな立派な体格、眼鏡の奥で光る瞳はエネルギーに満ち溢れていることを物語っていました。知識は非常に豊富でクライミング界の流れに精通しており、また方法についても厳しい理論を持っていました。

たとえビッグウォールクライミングでも、前進用にボルトは極力打たない。岩壁に多くのロープをフィックスしない……。現在では当たり前になっているスタイルを以前から唱えていました。なによりも、登山業界に左右されない自分の言葉を持っているクライマーでした。

レディースフィンガー、ポータレッジでビバーク（写真＝中垣大作）

二つの遠征を通して、彼からは下降するための素晴らしい技術を見せてもらいました。

レディースフィンガーでは12日間の悪戦苦闘でたどり着いた頂から、垂直で複雑な構造の岩壁を降りなければならなかったのです。そこでは厄介なトラバースに加え、40キロ以上の荷物を降ろさなければならなかったのです。

しかし彼は巧みなロープ作業で、重く巨大な荷物を誘導しながら素早く降りてくれました。また、なるべく岩にクライミングギアを残さないように、岩の形状に合わせたロックピトンを迷うことなく的確に選び、ピッチごとに2本ずつだけ打ち込んでいくのです。

彼の打ち込んだロックピトンには、僕自身が打ったものよりも安心して体重を預けることができました。

1997年のソスブンの無名峰でも、下降技術の基礎が僕よりできていることを教えられました。僕らはあのとき、すでに20時間以上連続して動いていました。今でいうライト&ファストで、わずかな装備でスピードある登攀を休みなく行なったのです。

後半は体力的にも厳しくなっていたのに加え、アイゼンの前爪は荒い花崗岩を登り続けたせいで丸くなり、氷への刺さりは極端に悪くなっていました。そんな中で僕らを待っていたのは、雪と氷の混ざった長い滑り台のような急斜面の下降です。睡魔と闘いながら、さてどうしたものかと考え

ソスブン無名峰にて

ているとき、いきなり中垣君がピッケルのブレードで氷雪面を削りだしたのです。それは自信に満ち溢れた作業でした。

そして数分後、ロープが引っかかる立派なボラード〔懸垂下降の支点とするために氷雪面を係船柱のように削り出したもの〕を完成させたのです。

技術書では知っていましたが、実際に使うのは、恥ずかしながら初めてでした。そのボラードはまるで職人の作品のようで、また信頼できるものでした。

その後、僕らはいくつものボラードを作り、ロープを引っ掛けては降りる動作を何度も繰り返し、緩やかな雪面に戻ることができたのです。いつでもどんな場所でも降りることができる能力を持ちあわせていれば、自信をもって頂を目指せることを、中垣大作から教わったような気がします。

無事故の理由——ヴォイテク・クルティィカ

次はポーランドのヴォイテク・クルティィカです。

アルパインクライマーなら、誰でも彼の影響を受けているのではないでしょうか。

クルティィカとは1999年、ネパール・ヒマラヤの有名な峰、アマ・ダブラム近くのピラミッド

慎重な判断力が印象的だったヴォイテク・クルティカ

のような6500メートル峰の北壁と、2000年、パキスタンは世界第2位の高峰K2と、2001年のパキスタンのビアフォ氷河の岩壁、ビャヒラヒタワーの3つの遠征を共にしました。

アルパインスタイルのカリスマは、ヒマラヤで数多くのビッグクライムを成功させましたが、彼自身は登った数よりも常に内容にこだわっていたようです。

頭の回転が速く、ユーモアの感覚に恵まれ、芸術への興味が強く、日本庭園などにも特に関心があったようです。毎日熱心にトレーニングをしていたのでしょう、外国でホテルを選ぶ基準は、部屋の中で懸垂などができるかによって決めていると、笑いながら話していました。

若いころの体形もほぼ維持していると言っていました。とにかく筋肉質で脂肪はほとんどついていませんでした。

彼のクライマーとして驚く点は、登攀記録だけではなく、今まで一度も怪我をしたことがないことです。何十年も登っていて捻挫ひとつしたことがないそうです。

さらに彼と組んだパートナーも怪我をしたことがないといいます。

それはこの事故の多いアルパインクライミングの世界では、とても驚くべきことだと思います。

そんなクライマーはそうはいないでしょう。

ただ彼は、とても慎重に進むべきルートを選択していました。それはK2東面を挑戦していたときに理解しました。

また、ルートの選び方が僕とまったく同じだったことで、パートナーとしての信頼感がより増したのです。

雪尾根の雪庇の横を歩かなければならないとき、他のクライマーなら選ぶだろうラインよりも、さらに数メートルは雪庇から離れて歩いてくれます。氷河上のクレバスでも臆病なくらい大きく迂回します。それがときには時間が余計にかかると予想されても、安全だと思われるラインを優先させます。

彼はK２東面の登攀中、僕が考えているラインとまったく同じようなラインを、言葉を交わさずとも選択してくれました、これはパートナーとして凄く安心できる存在です。

ビャヒラヒタワーでは、クライミング技術の素晴らしさも披露してくれました。僕らは誰も触れたことのない花崗岩の南壁を順調に進んでいました。

それは岩壁の中間地点だったと思います。急に岩質が変化しました。そこはいつでも崩れてしまいそうなウロコ状のボロボロの岩でした。このような場所は常に脆い岩を登っている日本人クライマーならば手慣れていますが、硬い岩に慣れ親しんでいるヨーロッパのクライマーは怖気づくのではと思ったのです。

しかしクルティカはさすがでした。鍛え上げられた肉体を上手に使い、脆い岩に体重を手足で分散させながら、よどみなく呼吸も乱すことなく、まるで武道家の〝型〟のような動きで突破したのです。彼が今まで怪我をしなかったのが偶然ではないことを、３つの遠征を共にして理解しました。

自分を見失わない冷静さ――山野井妙子

最も多くの登山を一緒に行なっている山野井妙子について話したいと思います。彼女とは結婚して以来１０００回以上、一緒に登っていると思います。

持って生まれたものなのでしょうか、肉体はかなり強く馬力もあります。長時間行動に必要な持久力は一流男性クライマー並みにはあるでしょう。ヨーロッパ・アルプスの冬のグランド・ジョラス北壁で、１週間にもなる登攀でも、ほとんど痩せなかったといいます。

他のスポーツを行なっていたとしても、大成していた可能性があります。

以前、僕ら二人は1月の中央アルプスと南アルプスで長時間行動の実験的な登山を試みたことがあります。１９９６年1月、冬山用登山靴の定番だった二重靴にアイゼン、長いピッケルを携える古典的な冬山装備のスタイルで試みたので、素早く駆け抜けはできませんでしたが、夏のコースタイムよりも速いペースで歩きました。

その日は南アルプスにしては積雪が多く、膝まで潜る深い雪が何度も現われ、気温も平年よりも低い状態でした。竹宇駒ヶ岳神社を15時40分に出発、北風の吹く甲斐駒ヶ岳に21時30分、ヘッドランプの光を点けたまま仙丈ヶ岳に5時00分、熊ノ平に17時30分、翌日7時30分に出発し塩見岳に12時40分、三伏峠に16時00分。

そこでさらに縦走を続けようと思いましたが、ヘッドランプの調子が悪くなり下山と判断。鹿塩バス停に19時30分に到着しました。

このように、2日間で冬の南アルプスの北部を縦走したのです。

あのときは僕の方が睡魔に勝てず、途中で諦めたくなっていました。僕が30歳、彼女は39歳でした。

また、彼女は運動能力も高いのでしょう。凍傷で手足の指を失い、両手の指は2センチほどしか残っていないのに、高グレードのルートを登ることがあります。

奥多摩・白妙橋の「引き立て役」（5・11ｂ／ｃ）というコルネ〔石灰岩特有の背骨状・角状の突起〕が発達した石灰岩に成功したときなど、どのように岩を摑みながら体を引き上げたのかは、後ろ姿だけなので計りしれませんが、単純に凄いなと感心しました。

確かに苦手な岩の形状もありますが、ほとんどの場合、バランスと身体の振りを利用して上手いこと登ります。また、手先（？）が器用なのでしょうか、狭苦しいテント内での炊事も手際よく、手が凍えてしまうような冬山でも、登山靴の紐を締め、スパッツとアイゼンを装着するまでを、他の登山者と同じようなスピードで行なえます。

唯一の弱点は、危険な場所でも怖いと感じない点でしょう。これは大きな問題でもあります。行動に慎重さが足りないような場面を何度も見ています。

慎重すぎる僕と一緒でなければ死んでいた可能性は高いでしょう。もっとも、出会っていなかったら妙子は登山を止めていた可能性もありますが……。

しかし、彼女からは冷静さについて学びました。

どんな状況になろうとも、決してイライラしない。怒らないのです。

たとえばロープが絡まり、なかなか解けない。雨が続き、いくら待っても山に向かえない。パートナーがミスばかり繰り返す。パートナーが登るのが遅い……。

登山とは大自然の中で大きな気持ちで行なうべき遊びなのに、思わずイライラしてしまうことはいくらでもあります。どんな場面でも正しく対処していくうえでも、冷静さは、重要な技術の一つだと思います。僕は、そこは妻を見習うようにしています。

富士の強力仲間たち

富士山頂剣ヶ峰。日本の最高地点に気象庁の測候所がありました。

厳冬期にはマイナス30度まで気温が下がり、風速が増せば人など簡単に吹き飛ばしかねない風が吹く山頂の建物に、気象庁の職員が5人常駐していました。僕はその観測所に1991年からギャチュン・カンで怪我をするまでの10年間、11月から4月までの6カ月間の積雪期に、御殿場登山口から食糧などを運ぶ強力《ごうりき》の仕事をしていました。この仕事のおかげで脚力がついたことはもちろん、高所への順応も高まったと思います。

さて、強力は常に2人組で行動するのですが、10年間にパートナーが4人変わりました。その中の3人を紹介したいと思います。


データよりも自分の目で見て判断する——並木宗二郎

21年間、冬の富士を登り続けた現代の強力伝・並木宗二郎さんとは、たしか3年間一緒に登らせてもらったと思います。そのときすでに50歳を越えていました。

163センチと、僕よりも小柄で、体重も53キロぐらいだと聞いていました。

並木さんは山登りの趣味があるわけでもなく、生活のためにひたすら地元の富士を登り続けました。30キロ以上の荷物に木の背負子。やたら重いトランシーバーに個人のお弁当を合わせると、総重量は34キロ近くになっていたでしょう。

バランスを考えて背負子に食糧などが入った段ボールを括り付けないと歩きにくく、腰や肩の負担になりました。並木さんは華奢な体なのに、まったく重い荷物に負けていない安定した歩行をしていました。まるでフランスのアルピニストのように、足首の柔軟性を利用してアイゼンを雪面にフラットに置きながら一定のスピードで登っていました。歩く速度はゆっくりでしたが、深い雪のときでも、アイスバーン状態のときでも、強風のときでも落ち着いた登りでした。

まずこの仕事は、富士の麓に立つ太郎坊の宿泊所から、山頂の気象情報を聞くことから朝が始まります。御殿場の事務所経由で山頂の気温に風向、今後の気象予報などが伝えられます。

北風が強いときはまだしも、南風が強まると御殿場側、特に殉職者が出ている長田尾根《おさだ》は非常に危険な状態になります。逆に北風が強くても登れるチャンスはあるのです。

しかし並木さんは必ず太郎坊から自分の目で富士を眺めていました。伝えられるデータだけでは、決して判断しないのです。

長田尾根にどれだけ雲が流れているか、雪が飛んでいるか、遥かかなたの山の斜面に目を凝らし

高所登山のトレーニングとしても有効だった富士山の強力仕事

ます。そして風圧がかかる段ボールの荷物を本当に運び上げられるのか判断するのです。

バランスを崩したり飛ばされれば大事故が待っています。仕事として安全に登下山できるか見極めます。天候悪化によっては途中の七、八合の避難小屋に逃げ込み、数日待機することもあります。

2日以上になると、レトルト食品とテレビがあるとはいえ、さすがに閉じ込められている感が強くなり、早く仕事を終わらせたくて辛くなります。それはベテランの並木さんといえども不便で退屈な時間だったでしょう。七、八合の避難小屋中でも、山頂の気象情報は「気温マイナス20度、南西の風25メートル、山頂直下の馬の背は飛雪が多し」など、トランシーバーから詳しく得られていましたが、出発するタイミングは、あくまでも避難小屋の鉄の扉を開け、岩場が続く長田尾根を見てから判断を下していました。

データでもなく、まして精神的なものでもありませんでした。

並木さんがヒマラヤに向かったらどんな登山をするだろうかと、現実ではありえないことを昔はよく想像したものです。

自分の記録を自慢しない——谷口龍二

谷口龍二。彼とも3年ほど一緒に強力をしました。

年齢は僕よりも一つ下だったのではないでしょうか。気象庁のある職員と同じ山岳会に所属していたことから、この仕事に就いたはずです。

大学の山のクラブ出身にしては珍しく、雪山ではなくビッグウォールクライミングを志向していました。ヨセミテ国立公園のエル・キャピタンやハーフドームの厳しいエイドルートに成功していて、その分野では日本人トップクラスだったでしょう。

一見強面の風貌ですが知的で、クライミングに関して非常に研究熱心で、当時からパソコンでルートに関する資料を整理し、クライミングの方法論なども打ち込んでいました。太郎坊の部屋の中で胡坐をかきながら真剣にパソコンに向かっている姿を今でも覚えています。

ただ体力は、体格が立派なわりには「山野井君、待ってよ」と言いながら息を切らせ、後ろからヨタヨタと歩いてきていたのが印象に残っています。人懐こい笑顔で「休もうよ、座ろうよ」といつも口にしてはいましたが、それでも憎めないのが谷口君でした。

彼とは仕事以外で一緒になることはありませんでしたが、機会があれば一緒に大きな岩に挑戦したいと思っていました。登山家あるいはクライマーといわれる人種は往々にして見栄を張りたがり、記録を自慢したがる傾向にあります。しかし谷口君にはそれがまったくなかったのです。むしろ自分の弱点を素直に人前に出していたのではないでしょうか。

また、他のクライマーの派手な登山記録をうらやましがらない、あくまでも自分の好みの大岩壁だけに目を向けていたような気がします。それはとても清々しい姿でした。

谷口龍二君は1995年　パキスタン・カラコラムのシプトンスパイアーの大岩壁を単独登攀中に亡くなりました。

どんなときにも笑顔を忘れない――野沢井歩

野沢井歩さんは一つ年上だったと思います。

野沢井と山野井は音が似ているのか、よく間違われました。僕がマナスルで雪崩に埋まったときなども、ネパールのカトマンズでは野沢井さんが事故に遭ったと思われていたようです。

あまり筋肉質でない体からうかがうと、普段トレーニングをしているようには見えませんでしたが、7000メートル峰をいくつも登頂しているだけあり体力は抜群で、富士山でも安定した強さを見せていました。

彼とは数えきれないくらい無理をしました。

低温のなか強引に進んだため、二人とも股間の感覚を失ったこともあります。あのときはさすがの野沢井さんも顔を引きつらせていました。

風雪のなか、30キロ以上の荷物を背に頂上を目指す

ボロボロの服に氷が付着し、ロボットのようにしか動けず、バリバリに凍った体を引きずりながら避難小屋に逃げ込んだこともあります。強風の情報を無視したために、重い荷物を担いでいるのに突風にあおられ空中を舞ったことさえあります。たとえば山頂が北風25メートルと伝えられても、翌日に個人的な山の予定が入っていれば、強力を中止せず観測所を目指していたのが僕らでした。

そんな厳しい状況でも、笑顔で登山を面白がっていたのが彼でした。

強風で吹き飛ばされそうになりながら這いつくばって前進しているときでも、目が合うとニタッと歯を見せていました。そんな登山を繰り返していたので、冬の間、僕らの頬から三日月のような凍傷の跡が消えることはありませんでした。

いつも微笑みを絶やさない野沢井さんでしたが、実は彼女を富士山の事故で喪っているのです。はたして彼はどんな思いで登っていたのでしょうか、一度もそれについて語ったことはありませんでした。

旅を楽しみながらヒマラヤの奥深くに入り、あまり知られることのない峰々に遊びに行っては素晴らしい成果を挙げていた野沢井歩さんは、２００３年、ネパールのヒムルンヒマール挑戦中に雪崩に遭い亡くなってしまったのです。

第3章

敗退の連鎖（1996〜2000年）

ただ黙々と自分の目標を見つめ、時にそれが登れなかったとしても、冷静に受け止めて歩んできたのでしょうか。実は途中で敗退ばかり繰り返す自分が、理想のクライマー像とかけ離れているため、あまり好きではなかった時期があります。

１９９６年からの4年間は、振り返ってみると、登山能力の行き詰まりからだと思いますが、心のバランスは少し崩れていたと思います。98年春、ネパールのクスム・カングルの未踏の東壁で、技術的には満足のいくフリーソロで成功した以外は、主目標をことごとく敗退しています。

１９９６年は「ヒマラヤ最大の課題」といわれたマカルー西壁を意気込んで挑戦しましたが、７０００メートル付近で落石のために諦め、翌年の秋はチベット奥地のガウリシャンカールの雪尾根に妻と向かいましたが、雪質の悪さで阻まれ。

また、１９９８年秋はマナスルの西側で、本格的な登攀前に妻と二人、雪崩に飛ばされました。

１９９9年はフランスの山岳雑誌から見つけたビッグウォール、ソスブンタワーに向かいましたが、雨のように降り注ぐ石に気持ちは維持できませんでした。

国内でもこのころは途中での下山が多く、また、考えていたルートが他のクライマーに先に登られてしまい、悔しいなと感じたことも正直、何度かはありました。

あのころ、湧き上がる衝動から山をちゃんと目指していたのでしょうか、その他のことを意識していなかったと正直に言えるでしょうか。

北アルプス明神岳での墜落

穂高岳や槍ヶ岳の有名な峰に登山者の人気は奪われているようですが、クライマー、特にアルパインクライミングを目指す人にとっては、気になる氷のラインをいくつも見ることができるのが明神岳の壁です。今でこそ国内のトップアルパインクライマーは、ルート図に頼らず、各々の感性で格好の良いクライミングを明神で行なっていますが、15年以上前は、そのようなクライマーは少なかったと思います。

あれは忘れもしない妻の誕生日の3月19日、山はもう春めいていて天候も良く、気温は急上昇していました。その1年前、僕は雑誌「山と溪谷」のグラビアに載った写真「穂高連峰」の一部に、明神岳の1本の氷の筋を目ざとく見つけていました。妻と二人、その一筋の氷に取り付いたのは午前10時を過ぎていました。稜線近くにジョウゴ状に広がった雪の溜まりがあることだけが、唯一気になっていました。

「時間的に遅すぎやしないか、あの狭い沢筋で雪崩でも発生したら、ひとたまりもないだろう」

気温の上昇で、氷の表面をわずかに水が流れ始めていました。それでも不可能という最悪の状態でもなかったので諦めようとは思いませんでした。

なによりも「他のクライマーに先を越されてしまう前に登ってしまおう」という、記録を意識する自分がいて、「次回に」という気持ちにはなれないでいました。

最初は傾斜が緩く順調でした。氷の強度が悪くなり始めていると判断して、小さな岩に丁寧に2本のロックピトンを打ち込み、確保して妻を迎え入れます。次に向かうのは垂直の氷。ピッケルが良く突き刺さりますが、その代わり途中に埋め込んでいったアイススクリューは簡単に抜けてしまうような氷の軟らかさです。太陽がじりじりと照りつけ、ピッケルを振っていると汗ばむほどでした。暑さのため動きは鈍く、腕をパンパンに張らせてのクライミングです。

そしてやっとの思いで垂直の氷を抜け、ホッとして前方を見た瞬間、雪の塊が沢筋を僕に向かって落ちてきたのです。

水分を含んだ重い雪の衝撃に耐えられるはずもありません。僕はのけ反り、空中を舞いました。登りながらセットした途中のアイススクリューはすべて抜けました。気がつくと2本のロックピトンで確保していた妻が、はるか上の方で心配そうな顔でロープを握りしめていたのです。

40メートルは落ちたでしょう、逆さまになった体を持ち上げたとき、足首と膝に強い痛みが走ったのです。

すべての装備を妻が背負い、太い枝を松葉杖がわりに体を引きずるように、沢渡《さわんど》に向かいました。雪まみれになりながら、情けなさとわけのわからない悔しさが胸に広がっていました。

上高地からさらに先へ進もうとしたとき、一台の作業車が止まり、親切にも僕らを乗せてくれたのです。あの日、座席に横たわったまま、最後まで穂高連峰を振り返ることはありませんでした。

南アルプス甲斐駒ヶ岳での大墜落

南アルプスでは、明神岳の倍の80メートルも落ちてしまいました。

甲斐駒ヶ岳の上部には、昔のクライマーには馴染みのある「サデの大岩」という３００メートルほどの垂壁があります。上部の草付帯は、不安定なことで知られる谷川岳以上といわれていました。

それはまだたくさん雪が残る、やはり、３月19日でした。

僕と妻、そして友人の３人は、スラブ状の岩をいくつも越え、ルート図上の終了点にたどり着いて上を見ると、ツルツルのスラブがさらに続いていました。

そこは台風の影響で草が剥がれたために新しく生まれた岩場で、クライマーの間では知られていたものの、「上部に抜けるのは不可能では……」と言う人もいた場所でした。

しかし難しそうだけれども、岩場が続いている限り登らなければならないだろうと思ったのです。

「やめた方がいいよ」と妻が。

「これは登れないよ、ここから降りようよ」との友人の言葉が、余計に僕の闘争心をかき立ててしまったようです。

そのスラブを、アイゼンをがりがりさせながら登っていきました。

20メートルほど上がったところで、小指ほどの太さの枝にスリングを巻き、プロテクションとしました。途中のプロテクションはそれ1カ所です。

40メートルほど上がったところに小さなハングがありましたが、鉄棒の懸垂の要領で簡単に越えられるだろうと判断しました。でもハーネスにつけているロックピトンやカムが岩角に引っ掛かり、上がれなかったのです。

おかしい……、と、もう一度試みましたが、また引っ掛かる。

2回、3回とやっているうちに、自分の体を引き上げられなくなってしまいました。

分厚い手袋をしているために、急速に握力を失ってきます。アルパインクライミングで腕がパンパンになって落ちることはなかなかないと思いますが、40メートル登って到達したハングの先端から、最後は握力が尽きて落ちました。もちろん、途中の唯一のプロテクションの枝は折れました。僕は頭を逆さに、80メートルも壁を落ちたのです。

救いは骨折しなかったことですが、全身打撲でした。確保していた妻のハーネスは、衝撃から縫い目の糸の一部がほどけていました。車を置いてある戸台までの下山は疲労感が激しく、気が遠くなるほど長く感じたのを覚えています。

マナスル北西壁での雪崩

山からの警告は示されていたのに、新ルートへの野心が正しい判断を鈍らせていた。高さ数メートルもある無数のセラックがいくつも引っかかり、この斜面がとても危険であることを僕らは知っていたのに。

1998年秋、マナスル北西壁。標高6100メートル、午前1時、その晩は新月のため、先はほとんど見渡せなかった。ヘッドランプを頼りに、いやな感じを持ちながらの登攀中の出来事だった。

はるか上部で「ドーン」とセラックの崩壊の音。闇の中、聞き覚えのある音が急速に接近してくる。もう逃げるのは無理だった。妻に「構えろ、構えるんだ」それだけを叫び、僕もアイスバイルを雪面に深く刺し込む。

その2秒後だ。凄まじい力を持った雪と氷の塊が当たった瞬間、僕の身体は宙を飛んでいた。急斜面を雪にもまれ、回転しながら巨大なセラックを飛び越えてゆく。激流に飲み込まれたように雪崩の力に抵抗することは不可能だった。目に映るのは黒と白のみ。二人とも、間もなく氷河の割れ目に叩き込まれ死ぬのだろうと、なぜか冷静に思っていた。

「こうやって死んでゆくんだ」と諦めかけたとき、大量の雪に埋もれ、身体は止まった。コンクリートで固められたように手足も頭もまったく動かせず、冷たい石のような雪に全身を圧迫されていた。

生き埋めになった身体がどのような格好で、どのくらい雪の下にあるのかさえわからなかった。エアポケットも確保できなかった。呼吸はほとんどできない。口の中まで雪が詰まっている。「出たいよ」「死にたくないよ」経験したことのない強烈な恐怖感が襲う。このまま雪の中で命を終えることが、これほど辛いとは知らなかった。あのときは、生を諦められないのに、確実に死が目の前に迫っていた。

妻が僕を掘り出せたのは奇跡に近かった、雪崩で一緒に飛ばされながらも、彼女はそれほど埋まらなかった。また、雪崩に巻き込まれる15分前に「もしものときのことを考え」、ロープを結び合っていたおかげで、僕が埋まっている場所が早く発見できたのだ。

あと数分、発見が遅れたならば僕の呼吸は停止していただろう。

山での死

雪崩に埋まり亡くなった友人が、最期は安らかであってほしい。意識が遠のくように呼吸が停止していてくれたらうれしい。

僕にできることは、彼らの姿を決して忘れることなく、生きていくことだ。

山での死は決して美しくない。でも山に死がなかったら、単なる娯楽になり、人生をかけるに値しない。

街では生を感じられないよ。

マカルー西壁から頂に立てるならば、命を引き換えにしても……。

――夢を追いかけ死んで何が悪いのかと考えていた若いころ。
もしも遭難したら家族がとても悲しむよ……。
――でも、事故や重い病気で亡くなることと、家族の心の痛め方に違いがあるのか。
もしも遭難したら他の人に迷惑かけるよ……。
――でも、世の中の人と人の繫がりというのはそんなもんだよ。

今でも、僕のように登ることに人生の比重をかけている者が、登攀中に命を失うことも仕方がないかもしれないと考える一方で、マナスルで経験したような恐怖感は決して味わいたくないという身勝手な思いもある。

第4章

2000年以降の記録より

山を選ぶ……実際に登ることと同じくらい楽しく充実した時間です。

1枚の写真から心を掻きたてられることもあるだろう。

記録を読んで興味が深まることもあるだろう。

友人たちとの会話の中から決めることもあるだろう。

ガイドブックの星印から判断することもあるかもしれない。

夏の富士山から、沢登りを始めた人が一度は憧れる黒部の大渓谷上ノ廊下、小川山の花崗岩を味わえるガマスラブルート、南アルプス南部の縦走、ヒマラヤの8000メートルの高峰、ヨセミテやパタゴニアのビッグウォール、あるいは南極の未踏峰、奥多摩の藪山など、山の選択肢は何千何万とあります。

地元の風習などから登ることを禁じられている山はさておいても、僕らにはどこへ向かっても許される自由があるのです。

金銭的または家庭の事情などで選べる対象は少なくなりますが、最終的な判断は自分の能力とその山への憧れ度合いから下されるのでしょう。

極端な話、高尾山しか登ったことのない人が、一人で谷川岳の衝立岩《ついたて》に取り付いたら結果は明らかです。また、僕が上越地方の藪の多い山に連れていかれたら苦痛のあまり立ち止まってしまうで

(上)K2南南東稜に、
一人で向かう
(下)K2頂上にて

しょう。

体力、技術、バランス感覚、判断力などの能力が目標に適していて、また、心から興味のある対象に向かわなければ、進退極まってしまうのです。

ここでは２０００年から現在までの15年間、僕はどんな山を選び、その結果はどうだったのか、検証してみたいと思います。

２０００年──Ｋ２単独登頂と５・13ａのレッドポイント

ブロードピーク頂上から見たＫ２（８６１１メートル）の、均整のとれたピラミッドのような姿が忘れられず、当時、世界トップクラスの登山家として知られるポーランドのヴォイテク・クルティカとともに、クライマーがめったに足を踏み入れることのない東面に向かいました。しかし、予定していた尾根には今にも崩れそうな家ほどの大きさの雪の塊がたくさん乗っており、また天候も不順であったため、客観的にリスクが高すぎると判断し当初の目標を諦めることにしたのです。

当時35歳。体力には絶対的な自信があり、高所での耐久力も人一倍強い時期だったので、Ｋ２の単独登山を決意しました。

世界第２位の高峰 K2

5100メートルのベースキャンプを7月28日の午後12時30分に出発。南南東稜の6500メートルと、ショルダーの7900メートルの2カ所だけで数時間の休憩を入れ、ベースキャンプを発って48時間後の7月30日、午後12時30分。世界第2位の高峰の頂に到達しました。驚くことに体力にはまだ余裕があり、さらに数百メートル登れるのではないかと思うくらいでした。

紺碧の空の下、眼下に広がる6000メートル峰を眺めながら幸福感を噛みしめていました。しかし下山へは、特に無酸素登頂後にスリップなどで亡くなる確率が非常に高いK2では、集中を戻さなければなりませんでした。

この年の春はフリークライミングでも調子が良く、秩父の河又で5・13aの「マンモスケープ」をレッドポイントし、伊豆の城山でも5・12cのオンサイトに成功しています。

2001年——ラトック一峰北壁、悪コンディションのために断念

この年もフリークライミングやボルダリングは順調で、御岳《みたけ》渓谷で難しいといわれていたボルダーの課題「クライマー返し」に粘り強いトライで成功しています。

海外遠征では、K2と同様にポーランドのクルティカと共に、アルパインクライマーをことごと

ギャチュン・カン北壁。今思えば、稜線上に浮かぶクラゲ状の雲が悪天の予兆だったのかもしれない

ギャチュン・カン北壁の取付にて

く追い返しているラトック北壁に向かいました。

しかし事前に調べておいた北壁とは明らかにコンディションが違い、下部の氷雪面には赤い岩がむき出しになり、上部岩壁の弱点と思われた溝は、僕らの登攀スピードでは落石にさらされる可能性が高いと判断して断念。

近くに聳える岩峰、ビャヒラヒタワー（5900メートル）の未踏の南壁を登ったのです。この登攀ルートに、クルティカは「垂直のピクニック」というユニークなルート名をつけました。

2002年――ギャチュン・カン北壁登頂成功なるも……

アプローチなどの情報も少なく、久しぶりに冒険心が膨らむ旅をします。

目標は「アメリカン・アルパイン・ジャーナル」の記事から興味が沸いたチベットのギャチュン・カン（7952メートル）北東壁。北壁を初登攀したスロベニアのクライマー、アンドレイ・シュトレムフェリから写真を提供してもらいました。

また以前、偵察でチベット側に入山している長野の山岳協会の方からも写真などの資料を提供してもらいました。

写真から読み取れる北東壁は、今までに培った高所経験と、身につけたアルパインテクニックで登れると判断していましたが、実際の岩壁はまるで巨大ダムのようにツルツルで手掛かりも乏しいようでした。目を凝らして見ても岩の節理が少なく、たとえ上がれても、もしものときの退却には自信が持てませんでした。同ルートを下降できないような壁の登攀に単独で挑んでいくような勇気は僕にはありません。

そこで北壁を、10月5日に妻と向かうことになったのです。吹雪の中、10月8日に僕は登頂に成功しましたが、体調を崩した妻は標高差400メートルを残し途中で断念しました。7500メートル以上の高所で嵐に遭遇していた僕らは4日も下山予定日を過ぎてしまいます。

雪崩に飛ばされ、宙づりから脱出し、一時的に視力を失いながらも冷静に懸垂下降を続けて10月13日、全力を使い切り、ベースキャンプに戻ることができました。下降中の寒気と脱水で、妻はほとんどの指を、僕は右足のすべてと手の指を5本失う凍傷になりました。

「もう、ゆっくり生きていってもいいな」と、人生のすべてを掛けてきた登山を終えようと、ネパールの病院で思っていたのです。

2003年——奥多摩のハイキングから再出発

どこかで予想はしていましたが、やはり登ることをやめられませんでした。体力も、岩を登る能力も、バランス感覚さえ失いました。初心者以下のレベルまで落ちていたと思います。残っていたのは経験と知識くらいでした。

冬を都心の病院で過ごし、夏になって奥多摩の御前山や高水三山などを手始めに、ハイキングに向かいます。バランスが悪いため体力の消耗が激しく、登山地図に示されたコースタイムの3倍は必要でした。

クライミングは8月から、川の流れに磨かれて指先に優しい岩質の御岳渓谷で再開します。手がかりのほとんどを人さし指と中指の2本だけで支えるのは想像以上に厳しく、年末になっても比較的ごまかしの利く花崗岩や石灰岩であれば5・9、チャート系の岩のように細かいホールドが多いと5・7までしか登れませんでした。

あまりの不甲斐なさにイライラしたことは何度となくありました。山歩きの方は、今後の故障を防ぐためにも正しい歩行を心がけ、屋久島や四川省のトレッキングなど3日間ほどであれば我慢できるレベルまで回復しました。

低山ハイキングから再スタート

2004年――ポタラ北壁に挑む

目指したのは5・11のグレードがつくフリールートです。苦手と思われるルートは極力避け、ハングしていても手のひらで包み込めるような大きなホールドが続くルートや、手首までしっかりと入るクラックルートに照準を合わせました。5・11というグレードが、これからの自分に勇気を与えてくれる気がしたのです。

その結果、城ヶ崎の「風に吹かれて」と「スクラップ」をそれぞれ3日目に、群馬の有笠山《ありかさ》の岩質が手に合っていたのか、5本も5・11を登ることができたのです。この段階ではまだクライマーに戻れた感覚はありませんでした。

夏には大胆にも、前年の中国・四川省のトレッキングの際、あまりの美しさに魅了されたポタラ北壁に挑戦しました。この山を選んだ最大の理由は、悪天候や自分の能力の足りなさから諦めたくなったときには、途中からでも降りられる岩の構造であることを、大岩壁との長年の付き合いから見抜いていたからです。

結果は散々でした。標高差800メートルの岩壁の3割も登れませんでした。

しかしこの素晴らしい課題を試みることにより、現在の自分に何が足りないかを教えてもらいま

ポタラ北壁に挑戦するも、敗退

した。圧倒的な迫力と輝きを放つポタラ北壁、僕は翌年に再挑戦することを決意したのです。

2005年——復活の登攀。ポタラ北壁単独初登

この年は、アイスクライミングを3年ぶりに再開します。八ヶ岳の南沢大滝でアックスを振ってみると、小指と薬指がないため氷へのインパクトを与えられず、アックスの先端がブレてしまうことがわかりました。

2月の北海道・層雲峡でのアイスクライミングツアーでも試行錯誤を繰り返したのです。その後、いくつかのアイスクライミングを試み、以前のように上手く氷へ突き刺すことは、努力しても戻らないだろうと、残念ですが悟りました。

夏にポタラの再挑戦を考えていたので、そのためにクラッククライミングを中心に技術の向上を目指しました。そして5月には瑞牆山《みずがき》の「現人神」という5・12cのルートに成功することができたのです。それは山の世界に戻った僕への岩からのプレゼントのようなものでした。

終了点にたどり着いた瞬間「やったぞー」と何度も叫んでいたのです。

＊

ポタラ北壁にて。クライマーとしての復活を確信した

中国の四川省には前回より早い時期に入りました。これは岩壁までの氷の斜面に少しでも雪が残っている方が、足への負担が少なく、落石の確率も低いと読んだからです。

7月13日、10年間使い込んだビッグウォール用バッグに60キロの食糧や装備を詰め込み、単独でポタラ北壁の登攀を開始しました、クライマーとして死んでいないことを自分自身に証明するためにも、この北壁が是が非でも必要でした。

あのときだけは、ただこの壁を登ってみたいという純粋な意欲だけではなかったかもしれません。23歳のときに登ったトール西壁のように、テクニックが乏しくても、たとえ悪天候になっても、根性さえ保てば、クライミングスタイルがスマートではなくなるもののポタラ北壁は登れると希望を持っていました。

登攀開始してから5日目には指は傷つき、連日の雨で肉体は限界近くまで追い込まれていました。それでも精神的に弱まることは決してありませんでした。それは長い登山経験の中でも、最も強固なものでした。雨で濡れたオーバーハングした花崗岩のクラックをいくつも越え、溝に詰まった黒い氷にアックスを突き立てていきました。

7日目の昼過ぎ、霧の立ちこめる稜線についに抜けたのです。そこは視界の利かない静寂に包まれた大地でした。

ポタラの稜線の岩に腰を掛けながら、クライマーとしてまだ生きていけるかもしれないと一人静かに感じたのです。

2006年――パリラプチャ北壁

登山メーカーのカタログに載っていた写真から興味を持ち、氷が網の目状に張り巡らされたネパールのパリラプチャ（6017メートル）北壁に向かいました。

握力はこの時点でも両手とも27キロで、若い女性のような前腕はアックスに振り回されているのが常でした。また、植皮した右足先は独特なアイゼンワークを駆使しないとすぐに出血してしまうことを、凍傷から4年目にやっと気づきます。

パリラプチャ北壁は能力の落ちた僕には単独では厳しいので、6000メートル峰の氷のルートを志向していると思われる、有能なアルパインクライマー・中川博之君を誘いました。天候が悪いこともありましたが、低温の中でのアイスクライミングに僕の方が怖れをなしていたのだと思います。下部の氷を200メートル登っただけで敗退しました。この遠征以来、アイスクライミングへの不安がより一層増しました。

2007年――グリーンランド「オルカ」と西上州未踏の岩峰「一本岩」

昔から5年くらい先までの山を思い浮かべながら歩んできましたが、思うようには回復しないので、気持ちを切り替えます。1年間での最大の目標だけを決め、未来のことまでは意識せず、目の前の山だけに集中するようにしました。この方針転換により計画に無理がなくなり、より一層、充実した日々が送れるようになりました。

グリーンランドの北極圏に位置する未踏の大岩壁を登る。この夢のようなチャンスがある日突然、巡ってきました。テレビ局が僕たちの登攀を全面的にサポートしてくれるという提案をいただいたのです。

グリーンランドのミルネ島の岩壁群からどの山を選ぶかは感覚的なものでした。フィックスロープさえあれば取材班が比較的簡単に後続できそうな構造で、なおかつ僕や妻、もう一人のメンバーの木本哲さんが登攀意欲を掻きたてられる山を探すのです。

ヘリコプターに乗り上空からの偵察で見つけたのが、オルカと名前をつけた1200メートルの

グリーンランドの未踏の岩壁オルカに挑む。写真はユマーリングする妙子

岩壁を持つ山でした。ミルネ島の中でもひときわ高く、また、たくさんの太陽の光を浴び黄色く染まったオルカには登攀意欲を掻きたてられました。

僕ら3人と取材班は、登攀を開始してから17日目、谷から吹き上げる冷たい風を感じながら白夜の中、突き進みました。夜の12時、赤い瓦を敷き詰めたような台地に抜け出たのです。全メンバーの努力が実り、未踏のオルカの頂に到達したのです。

グリーンランドでの初登頂に味をしめたのでしょうか。秋には雑誌「山と溪谷」の記事で気になっていた西上州の未踏峰、高さ100メートルほどの一本岩と呼ばれている岩峰を、大内尚樹さんと初登頂しました。

西上州一本岩

長い登攀歴の中で、「登ることよりも、危険をコントロールしている感覚が面白かった」という唯一の経験がある。2005年の「山と溪谷」11月号の「トンガリ山大集合」という特集に、その山は紹介されていた。

「国内最後の未踏峰？」と題されたカラー2ページの記事中、4人のクライマーの後ろに聳える山は、まるでシャモニのドリュやパタゴニアのパイネを彷彿させるかのように切り立っている。

それは群馬県の西上州、その山の名はズバリ「一本岩」。

残念ながら規模はパイネの10分の1、高さは100メートルほどしかないようだが、「あのてっぺんに、立ってみたい」というクライマー魂を強く刺激される姿だった。

国内で久しぶりに現われた魅力的な山ではあるが「左足が崩れる前に右足を出す」というスーパーテクニックを必要とする、極端にボロボロの岩質らしい。

実際、4人の優秀なクライマーですら地面から5メートルも上がっていない。

岩質は予想を裏切らず、笑ってしまうほどに脆かった。これは岩というよりもまさに土。風化しきったセメントに小石をちりばめたような壁。誰もが頂上にたどり着けない理由は確かにあった。手掛かりになりそうな突起はことごとく崩れる。最初に試みたのは、この手の不安定な岩場の経験豊富な百戦錬磨の大内尚樹さん。しかし、スタートから1時間、約10メートルで行き詰まってしまった。しかしあの岩質で、その高さに到達できたことすら僕らには驚きだった。

動けなくなってから2時間あまり、あらゆる試みを窮屈な体勢で行なっていたが、この日はここで諦めるほかはなかった。これ以上進んで落ちたら……、途中にセットしたロックピトンやカムが衝撃に耐えられるとはとても思えない。たぶん「落ちたら死ぬ」だろう。

10メートルの高さから地面に戻ることとさえ、普通のクライマーでは難しかったに違いない。大内さんでなかったならば死んでいたかもしれない。

数日後の2度目の挑戦は、妻と二人だけではあったが、強力な武器を用意していた。ホームセンターで買った40センチのL字アングルを3本。クラックに叩き込めるように片側を加工し、尖らせてある。

これは、アメリカのクライマーがユタ州の砂漠の脆い砂岩の岩峰を試みる際、身長の半分ほどのアングルをぶら下げながら登る姿からヒントを得ていた。また、脆い岩対策として、使い捨てのマスクも用意した。手をかけるたびに砕け飛び散る砂に集中を乱されないようにするためだった。ゴ

国内で未踏だった岩峰、西上州一本岩

ーグルも装着したいところだが、視野が狭くなるのでやめておいた。

その日は初回の最高点より、さらに20メートル上部の小さな木に4時間以上かけて到達することに成功した。

妻に「落ちるかもしれないよ。頼むよ」と、何度声をかけただろう。妻が正しい確保をしても、僕の安全とは無関係なクライミングが続いた。

特別に用意したL字アングルは、ほとんど気休めにしかならない。あまりにも簡単にハンマーで岩に叩き込め、墜落には耐えられそうもない。

動きは、まさに一寸刻み。わずかに岩質が良くなったものの、手を掛ける岩は相変わらず剝がれ、かろうじて体重を支えられそうな岩を見つけられるのは、10手ほど触って一つくらいだった。

足を大きく開き体重を分散させながら、じわじわと進む。

心の中は恐怖と喜びが複雑に絡んでいる。

上がるに従い確実に死への確率が高まっているものの、僕はどこかで危険を楽しんでいたのかもしれない。これは子供のころに、海で沖の方まで泳ぎ進んだときの感覚に似ていた。海面をひと掻きするたびに浜から離れ、冷たい海に向かうような……。

わずかな動作のたびに、膨れ上がりそうな恐怖感を閉じ込めながら、「落ちたら死ぬ」という危険をコントロールしていたようだ。

さらに数日おいての3日目、再び大内さんを加えた僕ら3人は、比較的順調に高度を上げた。わずかに岩の質が良くなり、また、途中に生えていた灌木に助けられたことが、成功へ導いてくれたのだろう。日が傾き始めた午後、最上部の藪に突入してから5分後、僕ら3人は誰も足を踏み入れたことのない一本岩の頂に到達した。

緊張感から解放された僕は、この山の頂で初めて「勝ち取る」という、登山者としてふさわしくない喜びを味わったのだ。

はたしてこの山に挑戦する2番目のクライマーは現われるだろうか。裏山のような存在の、ましてすでに登られている、記録としても価値の少ない山に……。

いや、単独初登頂が残されている。

危険という感覚を超越したソロクライマーならば、登れるかもしれない。

2008年——ハン・テングリとキルギスの岩登り

翌年に予定していた高峰の単独登山を見据え、高所での対応力を調べるために中央アジアのハン・テングリ（7010メートル）に向かいました。途中、天候が急変し、雪が降り始めましたが、余裕をもって登頂できたのです。

この山はヒマラヤのような面倒な入山手続きが必要なく、技術的にも困難ではないので、高所登山のテストを行なうのにはとても便利でした。

さらに僕と妻はキルギスの首都ビシュケクから西へ小型バスで長距離を移動し、赤茶けたビッグウォールが立ち並ぶ、荒涼としたカラフシン谷に入ったのです。

そこで標高4250メートルのロシア正教100周年記念峰の北東稜に目標を定め、標高差1300メートル、38ピッチにもなる岩を、わずかなクライミング装備と一握りの食糧、2・6リッターの水だけを持ち、2日間で登り切ったのです。

初日は28ピッチ、14時間30分連続行動。翌日に残りの10ピッチを登り登頂しました。

二人とも粗い花崗岩の連続クライミングで指はボロボロになりましたが、スピード感いっぱいの充実した2日間でした。

ハン・テングリにて。高所登山の感覚を取り戻す

カラフシン谷ではマルチピッチのクライミングを楽しんだ

あのときは改めて妻の持久力に感心しました。

2009年——再起をかけたクーラ・カンリ

K2以来、実に9年ぶりの高峰の単独登山は、チベットにある標高7538メートルの「天帝の峰」、クーラ・カンリです。高峰ソロクライマーとしての再起への試みでもありました。

チベット高原に神秘的に聳える高峰の北面は、アルパインスタイルでスピードあるクライミングを試みるうえでは理想的な傾斜を持っています。緩すぎず急峻すぎてもいなかったのです。

しかしその傾斜は、一つの危険をも意味していました。

優秀な日本の若いクライマー3人が、前年（2008年）の10月に雪崩で亡くなっているのです。彼らはこれからの日本の登山界をリードしていく存在だったと思います。

僕は硬い氷で覆われていると思われる春を避け、前年の日本隊と同様に秋に入山しました。

しかしクーラ・カンリの雪面にはいくつもの怪しい亀裂が走り、このような状況では雪のたっぷり載った北面に踏み込んでゆく気持ちにはなれませんでした。そこで、隣に聳えていた雪が少なくピラミダルな峰、標高7221メートルのカルジャンに目標を変えたのです。

クーラ・カンリでは、熊に噛まれた怪我の後遺症のためか、何もできなかった

しかし、チベットに入って以来続いていた体の不調は５０００メートルのベースキャンプでも解消されることなく、高山病の症状の頭痛と吐き気が激しく、カルジャンへの本格的な試みもしないまま中止しました。

高山病の症状がこれほどはっきりと表われたのは、今までの20回のヒマラヤ登山の中でも初めてでした。それは２００８年の秋に、自宅近くの山道をランニング中に熊に顔を齧られ、それ以来、鼻呼吸ができなくなったことも要因だとは思います。それ以外にも身体への違和感があったのは事実です。

２０１０年——登山スタイルの変更。ヘブンへの挑戦

高所、岩、氷、雪……。どの分野も、凍傷で指を失う以前のレベルに少しは近づけたいと、オールラウンドにバランス良く山行を繰り返してきました。しかし、そこには無理が生じ始めていたのです。

以前は面白く感じていた分野に苦痛を感じてしまう瞬間が現われたのです。僕は決して我慢してまで登りたくないのです。

三宅島の海岸で硬い岩を楽しむ

そこで現在一番興味のある分野、あるいは残り少ない人生で一度は触っておきたいと思えるルートだけを目指していこうと、20年以上続けたスタイルを変える決心をしたのです。「何をやってもできるんだ」という自負を捨ててしまうことを意味しますが、そのおかげで今まで以上に解放感が増し、うれしいことに一つの課題に集中する面白味が増しました。

夏は12年ぶりにヨセミテ国立公園に向かいます。雑誌「アルピニスト」の表紙、夕暮れのハーフドームをバックに、弓なりにハングしたヘブン（5・12d）を登るクライマー。これはとても格好の良い写真でした。

雄大なヨセミテ渓谷、真夏の太陽のもとツバメの鳴き声を聞きながらヘブンのクラックに指をねじ込み続けました。このグレードになると、憧れだけではどうにもなりません。4日も挑戦しましたが、残念ながら力及びませんでした。

しかし、春に訪れた三宅島で、ヘブンと同じように大きくハングしたクラックラインを見つけていた僕は、秋に再度、島へ向かいました。ヨセミテでの悔しさをクラックにぶつけ、核心部が濡れている悪条件のなか、3日間の連続トライで成功させ、宝島（5・11d）と名前をつけたのです。

２０１１年──タフルタム敗退。高所でのソロクライミングの断念

１９７７年の「岩と雪」の記事から見つけた、パキスタンはヒスパー氷河の奥に聳える標高６６５１メートルのタフルタム。厳冬期の鹿島槍ヶ岳の北壁に、谷川岳の衝立岩を乗せたような山容は、どの斜面にも急峻な岩壁が切れ落ち、天に向けて突き上げています。この山は僕の好みにぴったりでした。

実はこの山の初登頂は日本隊なのです。極地法とはいえ、この山を選んだクライマーたちのテクニックとセンスがうかがえます。僕は国内で岩質の似ていると思われる、栃木の松木沢や北アルプスの赤沢山などで、一人トレーニングを繰り返しました。

タフルタムの登攀は、気持ちとは裏腹に、なぜか肉体が追いつきませんでした。核心部と思われる地点までも到達できずに敗退することになったのです。

帰りのトレッキングでは魂が抜かれたように、心は完全に空っぽになってしまいました。タフルタムからの下降中、悲しいですが高峰の単独登攀への未練をきっぱりと捨てたのです。

熊に襲われた事故の後遺症かどうかははっきり言えませんが、高所順応能力が大きく落ちているのを意識しました。また、一人きりで精細な動きを長時間行なう精神力も失い始めていることを理

解したからです。

ヒマラヤの単独登攀を諦められずに今後も続ければ、近い将来に死が必然に訪れることを、理由をうまく説明はできませんが、わかったのです。

現在でも時々、「死を覚悟してでも、もう一度」と考えてしまう衝動がありますが、そんな無謀な真似はできないでいます。

2012年――ヘブン完登

春は2年前に挑戦したヨセミテ国立公園のヘブンに再び向かいました。

これを登るために、城ヶ崎海岸などで似たような形状のルートだけを選び、家でも材木を利用してハングしたクラックを作って日々練習を繰り返してきました。

それはキャンプ生活の疲れが出始めた20日目、挑戦5日目のことです。

動きには美しさのカケラもありませんでしたが、執念のクライミングでオーバーハングを越えたのです。

そして夏にはカナダのバガブーでサウスハウザータワーの標高差600メートルのカタルーニャ

タフルタムを断念。ヒマラヤの単独登攀に区切りをつけた

ルートに成功し、カナダ東部の人気エリア、スコーミッシュでは、なんとゾンビルーフ（5・13a）を奇跡的に成功してしまいました。

林に囲まれた遊歩道からゾンビルーフの姿が見えた瞬間、条件反射のように燃えてしまいました。

そして挑戦すること5日目、少しでも体の動きを良くするためTシャツを脱ぎ、ギアも最小限のカムだけを持ち、ロープも軽量の8・9ミリを使いました。終了点間際の最後の3メートルは握力が尽き、指はほとんど開いていました。

でもこの日は残る力をすべて振り絞れたのです。

10年前、凍傷で手の指の多くを失ったときには、まさか13のグレードがつくルートに登れるようになるとは考えてもいませんでした。

その晩、「お前も捨てたものじゃない」と、キャンプ場でケーキを頬張りながら自分を褒めてやったのです。

＊

スポーツや芸術のように、登山もまた「限界への挑戦」という言葉が使われますが、僕の一連の試みは、その時々の肉体の状態に合わせた、身の丈に合った目標にしか向かっていないように見えるかもしれません。それらは安全を優先させるために、面白味のない同じようなことの繰り返しに

ヘブン(5.12d)完登

映るかもしれませんが、実は自分の能力とぴたりと合った山に向かったときこそ、感激は大きいように思えます。

僕は困難を好み、何度もそれを克服してきました。しかし吹雪の一ノ倉沢へ出かけるような、危険な領域には踏み込まないように注意してきたのです。

破天荒の格好良さを少しは理解できますが、胸の奥に見え隠れする狂的な熱を抑えながら、計算高く慎重に山を選び、状況を見極めてきたのです。

惚れ惚れするくらい美しい山、誰も到達していない頂、自分を勇気づけさせてくれそうな山々へ、能力の限界を超えないように計画し、また実践してきたのです。

限界のように思えていた一線を越えた瞬間は表現できないほどの喜びがありますが、大幅に限界を超えてまで生還できる甘い世界でないことを知っているつもりです。

カナダではゾンビ・ルーフ(5.13a)にも成功する

第5章

危機からの脱出

常に冷静だとよく言われます。それは膨大な経験から対処できると判断しているので、心理的なショックを受けないのだろうとも言われました。

しかしこれから挙げる二つの出来事は、人生経験の中でも特に過酷な状況にもかかわらず、パニックにもなることなく、最善と思われる動きを淡々とこなしていたのです。生きようとする強力な力が冷静さを生み出しているのかもしれません。

ギャチュン・カン北壁からの脱出

「目が見えないんだ、ここはどんな場所なんだ」

「岩壁の真ん中よ」

「妙子、下降支点は作れるか」

「ピトンが効かない、全然だめ」

「この状態では体力が尽きてしまう。ここでビバークしよう。氷があるならアイスピトンにロープを通してブランコを作れ」

震える声で僕は言った。

＊

チベット高原でのトレッキングを始めて３日目、僕と妻は複雑さを増す氷河にかろうじて平らな土地を見つけ、そこをベースキャンプとした。

目指す山ははるかに遠く、ここから10キロ近く離れている。双眼鏡で確認しなくても、城壁のような北壁は真っ白な雪を纏っていることがわかる。

ギャチュン・カン、標高７９８５メートル。世界第15位の高峰だ。

チベット側の姿を間近で仰いだ人はとても少ない。世界最高峰のチョモランマの隣にこれほど堂々とした重量感のある山があることを、多くの人は知らないはずだ。

６５００メートル峰と７０００メートル峰での高所順応登山を終えた僕らは、長い悪天候をやり過ごし、２００２年10月５日、ネパール人コックをベースキャンプに残して出発した。

北壁を何度も双眼鏡で観察して導き出した装備は、残雪期の穂高にでも行くような軽装備で、それは必要最低限のものだけだった。

７ミリ×50メートルロープ、チタンピトン６、チタンアイススクリュー６、カラビナ７、スリング６、下降器と安全環付カラビナを各自１、フライなしテント１、コンロ、チタンコッフェル１、チタンスプーン1、ライター1、マッチ1、小型ガス缶1本半、シュラフとウレタンマットを各自1。

食糧は4日分を用意したが、全部でも1キロにも満たなかった。200グラムのアルファ米1袋、焼きそば2袋、乾燥汁粉2袋、ビスケット100g、スープ、お茶類など、ザックの重量は一人5キロ未満だった。

10月6日、午前3時30分、手足が痺れてしまいそうな寒気のなか、標高5900メートルから登攀を開始。60度ほどの深いルンゼを、アックスを交互に突き刺しながら登っていった。

左上部6400メートル付近にはセラックがあるので、「左に行くなよ」と妻に声をかけた。

標高6800メートル、ここが唯一、客観的に見ても危険エリアだった。

北壁は太陽が照りつけゴーグルを通しても眩しいうえ、自分たちの登攀技術を総動員しなければならないほど岩は切り立っている。はるか頭上の稜線付近のセラックは、一部でも剝がれ落ちてきたら僕らをはるか下の氷河までたたき落とすだろう。この岩場を素早く通過するために、ロープをお互いに結ばなかった。

その晩は急斜面を削りテントを設営したものの、一人分のスペースしかなく、折り重なるようにして窮屈な体勢で寝るしかなかった。テントの外は怪しげな黒い雲が湧き、天候への不安が増していく。

翌７日、庇が続くロックバンドを迂回する際、下降中にここならばビバークできるかもしれないと思い、バンドの構造を記憶しつつ通過していった。

７５００メートル、午後になると粉雪から本格的な雪に変わり、視界も悪くなり始めた。後ろから僕のステップを追う妻は明らかに調子が悪いようで、50メートル以上離れてしまっている。

「ここでテントを立てよう」と声をかける。

広大な雪面の中央では、明日の登頂後にホワイトアウトになった場合、位置を見失う可能性がある。急斜面と傾斜の緩い雪田の境にテントを張れば、見つけるのが容易になるだろう。

８日午前４時には登頂に向け出発準備を終えていたが、吹雪で視界が20メートルほどしかなく、明るくなった7時に僕らはテントを出て、頂上を目指し出発した。

ラッセルを繰り返すこと1時間、後続していた妻は体調が悪くテントに引き返すことになった。一人になった寂しさも、しばらくすると単独時の集中と解放感が蘇り、70度の斜面を黙々と進む。そして午後1時30分、ギャチュンカンの頂上に立った。その場にいたのは1分にも満たなかった。

一瞬の雲の切れ間から、遥かかなたにベースキャンプの方角が見渡せたが、すぐに灰色の雲が押し寄せ、視界を奪ったのだ。「簡単には帰れない。でも帰ろう」そんなことを漠然と思いながら、妻の待つテントに向かって下降した。

しんしんと雪が降るなか、黄色のテントを発見できたときはなぜか頂に立ったときよりもうれしく感じたのだった。倒れ込むように戻った僕は、自分で靴を脱げないほど体力を失っていた。

翌9日、テントのファスナーを開けると大量の雪が降り視界はほとんどなかった。顔の前を通り過ぎる大粒の雪を見つめながらも、衰弱の恐れがある高所に留まるという判断には決してならなかった。

天気が悪くても降りるしかない。

この日は12時間休みなく下降し続けたが、標高でわずか300メートルしか降りられなかった。ビバークは登攀中に記憶しておいたロックバンド。上部からの雪崩を回避するために少しでも大きな庇の下をと、40センチほど岩が張り出した箇所を選ぶが、腰を掛けられるのは手のひらほどの岩のテラスだった。

その晩、列車が通過するような低い音が響くと、激しいスノーシャワーが幾度となくテラスを襲ったのだった。ロックピトンとロープで体を岩壁に固定していなかったら、僕らは叩き落とされていたに違いない。

10日、この日も朝早くから下降を開始した。脆く、クラックの発達が少ない岩に苦労しながらロックピトンを打ち込み、確保し合いながら、夕暮れまで動き続けていた。

それは７００メートル付近だっただろう。妻が間もなく僕のもとに下りつこうとしたときだった。

「ブウォー」と山全体が響いた瞬間に、雪崩が僕らを襲った。

その圧力は凄まじいものだった。体は反転し、手袋の中で細いロープが勢いよく流れていく。

雪崩が収まり体を元の態勢に戻したときは、氷河まで落ちなかったことを不思議にさえ感じていた。すぐさま、妻とつながっているはずのロープを引くがビクともしない。

「死んでしまったのか」

重大な局面に差し掛かっていることを感じた。と、突然ロープが緩み、手元に手繰り寄せられた。切れたのかと思ったが、８の字結びのままのロープの末端が上がってきた。それは、妻が自らロープを外し、下で生きていることを示していたのだ。

切れかかったロープを頼りに、暗くなりかけた岩場を降りていく。

離れてはいたものの、声が届いた。下にはまだ急な岩が続いているという。

「このままロープを固定して降りてはいけない」

「下でもロープは必要だ」

激しい息切れをしながら登り返していると、再び雪崩が襲った。

今回のは規模が小さかったが、ゴーグルを失ってしまった。

確保点に戻り、ロープの切れかかっている箇所を確認する。

「使えるのは30メートル」

「一度に降りられるのは最大で15メートル」

すでに山は夜を迎えている。

ザックの雨蓋からヘッドランプを取り出し、スイッチを入れるが点灯しない。

「電池を交換しなければならない」

かじかむ手で予備電池を取り出す。

「プラスとマイナスを間違えるな。雪崩が来ても電池だけは落とすな」

この6日間で最も緊張した時間だった。闇の中に小さな明かりがともったときは、わずかに心が安らいだ。

しかし、なぜか目に霞がかかり始めた。

「眼球が凍ったのかもしれない」

手のひらを目に当てて温めてみたものの回復はせず、時間が経過するに従い、ほとんど見えなくなっていた。

手袋を取り、素手で岩肌を探ってみる。

「これしかない」

「これからの下山に必要な人さし指と親指は最後まで残しておこう」

恐ろしいまで冷えたヒマラヤの７０００メートルの夜、手探りで岩の上の雪を払い、岩の割れ目を根気よく探し出してピトンを打ち込み、短くなったロープを使って降りてゆく。

指は次々と石のように硬くなり、叩いても感覚が戻ることはなかった。

「ロックピトンは全部で残り４本」

「妙子のいる地点からの下降のことも考え、念のためロックピトンを２本は残さなければならない」

心臓の鼓動に力を感じなくなってきた。

体も弱り、呼吸は乱れ始めている。

「心臓が止まってしまう前に妙子の場所に行かなければならない」

「チタンアイスピトンはまだ6本も残っている」

「ハンマーで潰せば岩に打ち込めるはずだ」

手で慎重に確認しながら、小さなアングルピトンのサイズになるまで円筒形のアイスピトンをアックスで潰し、岩に打ち込みロープをセットする。そして再び下降。

雪崩が発生してから4時間は経過しただろう。妻がアックスだけを頼りに耐えていた小さな氷壁にたどり着いたとき、僕の体内のエネルギーはほとんど尽きかけていた。

ギャチュン・カン、その後

真黒に変色した酷い凍傷のわりに、気持ちは晴れやかでした。座席の隣に座る妻の表情にも、力を出し切って帰れた満足と安堵が見えました。チベットの高原を、砂埃を巻き上げながら走る車に乗りながら、今まで長年かけて身につけた能力を引き出せた満足を噛み締めていました。

また「もう山を終えよう」という思いが心に生まれ、毎年繰り返されていたヒリヒリするような緊張から解放されたせいなのか、幸せさえ感じていたのです。

しかしそれから8カ月後、再び高みを目指すために、懸命にリハビリを繰り返す僕がいたのです。

両手は、手のひらから2センチほど残して薬指と小指を切断します。

足の方は左足も凍傷になったものの、重度ではありませんが、右足はかなり深刻で、拇指球近くまで真っ黒になり細胞は死んでしまいました。

医者の説明によれば、拇指球を失うと2度と走ることはできなくなるといいます。そこで、本来ならば縫いシロを作るために生きている部分も多少余分に切断し、切断面をくるむように処置するらしいのですが、腿からの皮膚移植によって傷口を縫合し、拇指球を残していただけるようにしました。

退院後は、まずは平らな道で正しくバランスよく歩くことを目指しました。なぜならば不自然な体勢で歩いていると、今後のトレーニングの繰り返しで腰痛などの故障が発生するのではと考えたからです。

そして最初に山歩きができたのは、退院してから4カ月後のことでした。

うれしいことに、極端に心肺機能が低下していなかったのか、バランスをとるためストックを使ったとはいえ、登りはコースタイムどおりに歩けたのです。

しかし、下りとなるとコースタイムの4倍、あるいは5倍も必要で、皮膚を移植した右足は痛み、靴下は血で真っ赤に染まりました。医者に言われていたことですが、移植した腿の皮膚は、今後どんなに鍛えても丈夫になることはなく、腿の皮膚のまま柔らかく傷つきやすいのです。

退院してから6カ月後、小さな岩に触れ始めましたが、このころショックなことがありました。

ある日、鉄棒で懸垂を試みたときのことです。いくら筋力が落ちたとはいえ、最低でも2回はできると思っていました。

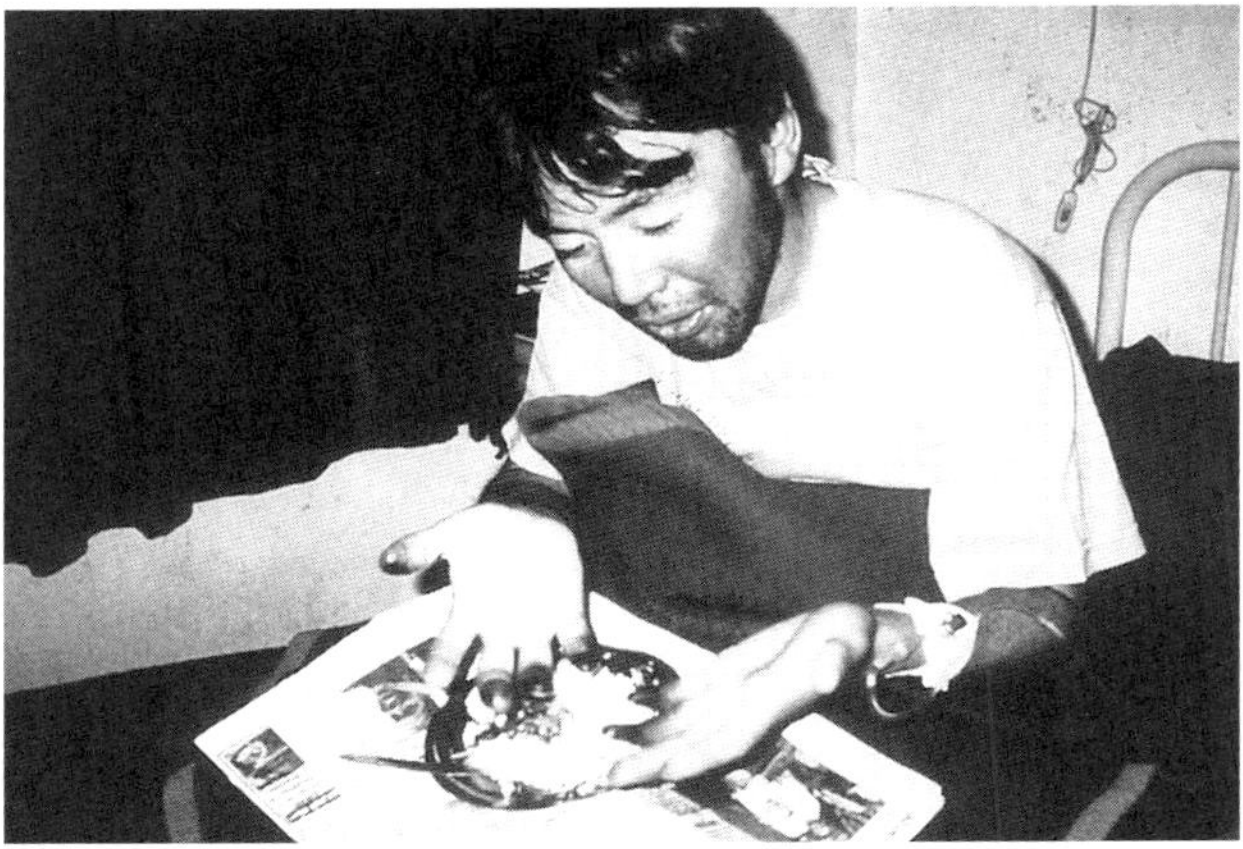

ギャチュン・カン下山後、カトマンズの病室にて（写真＝宇佐見栄一）

しかし鉄棒を摑んだ瞬間、不思議な感覚だったのです。

たとえば、これは僕にとっては歩き方を思い出せないに等しい感覚です。懸垂はおろか、なんとぶら下がることすらできなかったのです。

「力の入れ方を思い出せない」

ものを握るために、小指がいかに必要なのかを思い知らされました。

それからしばらくは、失った指の大切さを思い知らされることになります。

友人の中には「残された人さし指と中指を頻繁に使うから、ギュリッヒみたいなフィンガーパワーになるぞ。次に狙うのはアクシオンディレクトか?」〔ドイツ・フランケンユーラの岩場にある歴史的な難ルートで、指先1～2本しか入らないポケットホールドが攻略のカギとなっている。早逝した当時最強のクライマー、ヴォルフガング・ギュリッヒが初登〕などと励ましてくれる人もいました。しかし、実際にはそれとは逆で、残された指は以前よりも弱くなってしまったのです。

握り込めない小指と薬指は、まるで添え木を当てられたようです。

リハビリの専門家によると、そもそも指の長さが足りないとテコの原理が利用できず、残された指にも力が入らないといいます。

*

僕は以前よりもグレードを強く意識するようになりました。リハビリを繰り返す者には、岩場のグレードは大きな励みであり、自分の能力回復の判断基準になるからです。

このように、運動する人間としては致命的にも見える状態ですが、うれしいことも多いのです。

そのひとつは、本来ならば肉体の衰えを感じ始める年齢に差し掛かっていたのに、一瞬で小さな子供のような弱い肉体になってしまったので、一般の人が嘆く、衰えを経験しなかったことです。

わずかずつですが、進歩していることが実感できる人生を再び味わえています。

これは、もしかすると幸運なことなのかもしれません。

想定外の出来事――熊に襲われる

これも山の事故というのだろうか。右腕を20針、顔を70針縫う大怪我を負ってしまった。その日はいつになく早く起きて山道をランニングしていた。

妻は昨日から友人と北海道へ旅行に行っている。僕は午後に都心の常盤橋公園でインタビューを受ける約束をしていたので、早めにトレーニングを済ませておきたかった。

この日、選んだのは、人がめったに通ることのない杉林から、奥多摩湖を見下ろす急斜面に造られた遊歩道につなげる往復40分ほどのコースだった。遊歩道にはいくつもの石が落ちていて、注意しないと足首を捻挫してしまう。

足元に目をやりながらリズムよく走っているときだった。ふと変な気配を感じ、顔を上げると、前方から黒い塊が走ってきた。

一瞬、いつものニホンカモシカかと思ったが、その塊は口を開け歯をむき出しにし、吠えながら僕に向かって突進してきていた。

「熊だ。後ろからは小熊がついてくる」

逃げようとしたが間に合わなかった。右腕を嚙みつかれ、体を倒されてしまった。熊は僕の体を鋭い前爪でがっちりと押さえると、今度は顔面に嚙みついたのだった。低い唸り声を発しながら首を振り続け、僕の顔の皮を剝ぎ取るかの勢いで、目には明らかに憎しみがこもっていた。

「こんなことが起きるなんて」

現実感が乏しかった。

痛みは強烈で、戦う気力すら湧かない。

僕の血か、または熊の唾液かわからないが、顔が液体でぐちゃぐちゃに濡れていくのがわかった。

「腹に蹴りを入れるか、しかし一緒に斜面を転げ落ちて鼻を失う可能性がある」

熊の顔面を拳で殴り、肘鉄を肩に当てる。するとなぜか突然、攻撃を緩めたのだった。

すぐに立ち上がり、自宅の方角に全速力で走る。

熊は再び吠えながら走って追いかけてくるが勢いはない。

「もう深追いはしないはずだ。小熊もヨタヨタと後をついてきているから」

１００メートルは走っただろうか。振り返ると熊の親子はいなくなっていた。

Ｔシャツは血まみれだった。クライミング用に使おうと思っていたジャージも爪でズタズタにされてしまった。

「顔の止血はどうしたらよいのだろう、せめて腕から流れるたくさんの血を止めなくてはいけない」

左手で右の脇の下を押さえ、右手で最も激しい痛みがある鼻を押さえた。

家までまだ15分以上の距離。痛みには強いと自負してきたつもりだったが、たくさんの出血からだろうか、体がふらつき、意識が時々遠のく。誰も通らない急斜面の山道、足を踏み外したら這い上がる余力はないだろう。

「ミスをするな、早く家に戻れ」

何度も心の中で呟いた。また、

「会う約束をしていた人に連絡をしなければ……」

「しばらくクライミングできないな……」

「隣の人はびっくりするだろうな……」

とも考えていた。

家に戻り、まずは隣の家のおじさんに救急車の手配を頼んだ。

玄関を開け靴のまま部屋に入ろうとしたが、立ち止まってしまった。

「畳も絨毯も血で汚してしまうな、血の汚れは落ちないかもしれない」

庭で慌てているおじさんを呼んで頼むことにする。

「奥の部屋に保険証があるので取ってください」

「テーブルの上に妙子への連絡先が書いた青色のメモがあるので取ってください」

顔面が熱を帯び始め、言葉を出すのも苦痛に感じ始めた。

「小さなザックの中に電話番号が書いてあるメモがあります、それもお願いします」

意識がまた遠のきそうになったとき、救急車のサイレンが聞こえた。

「急な階段を救急隊員が下ろすのは大変だろうな」

僕はふらつきながら階段を下りる。

道端で横になりながら、はたして鼻はあるのだろうかとぼんやりと思っていた。

＊

熊のことを決して恨んではいません。非常にまれな体験をさせてもらったと思うことさえあります。一つだけ悲しむべきは、「世界で活躍する登山家」から「熊に襲われた登山家」と世間から見られるようになったことくらいでしょう。

顔見知りの奥多摩の救急隊員がヘリポートまで運んでくれ、青梅市の総合病院までヘリコプターで移動しました。

まず病院で行なわれたのは入念な洗浄でした。野生動物に嚙みつかれると、どんな悪い細菌が入るかわからないからです。顔にどれだけの水（？）をかけられたでしょうか。

次に涙腺の検査を行ないました。

涙腺が損傷していると涙が止まらなくなったり、あるいはドライアイになるといいます。救急の処置室で何時間の手術が行なわれたのかは、記憶にありませんが、メチャメチャになった顔を、時折、僕に鏡を向け確認をとりながら、丁寧に70針ほど縫っていただきました。

腕の嚙み傷も、筋肉を含め20針縫いました。

この手術中、「テレビやラジオのニュースでも流れているよ」と、医者から聞かされました。「東京、熊、登山家」これが面白かったのかもしれません。

病室では友人から「さすがに不死身だね」と褒められ（？）、「君の人生は映画の『ダイ・ハード』そのものだ」ともうらやましがられ（？）ました。

熊に襲われてから3カ月後には、サングラスを携えオーストラリアへクライミングに出かけました。そのころもまだ傷痕は激しく、医者からは元の顔に近づける手術も勧められていましたが、結局あまり気にもならなかったので行ないませんでした。

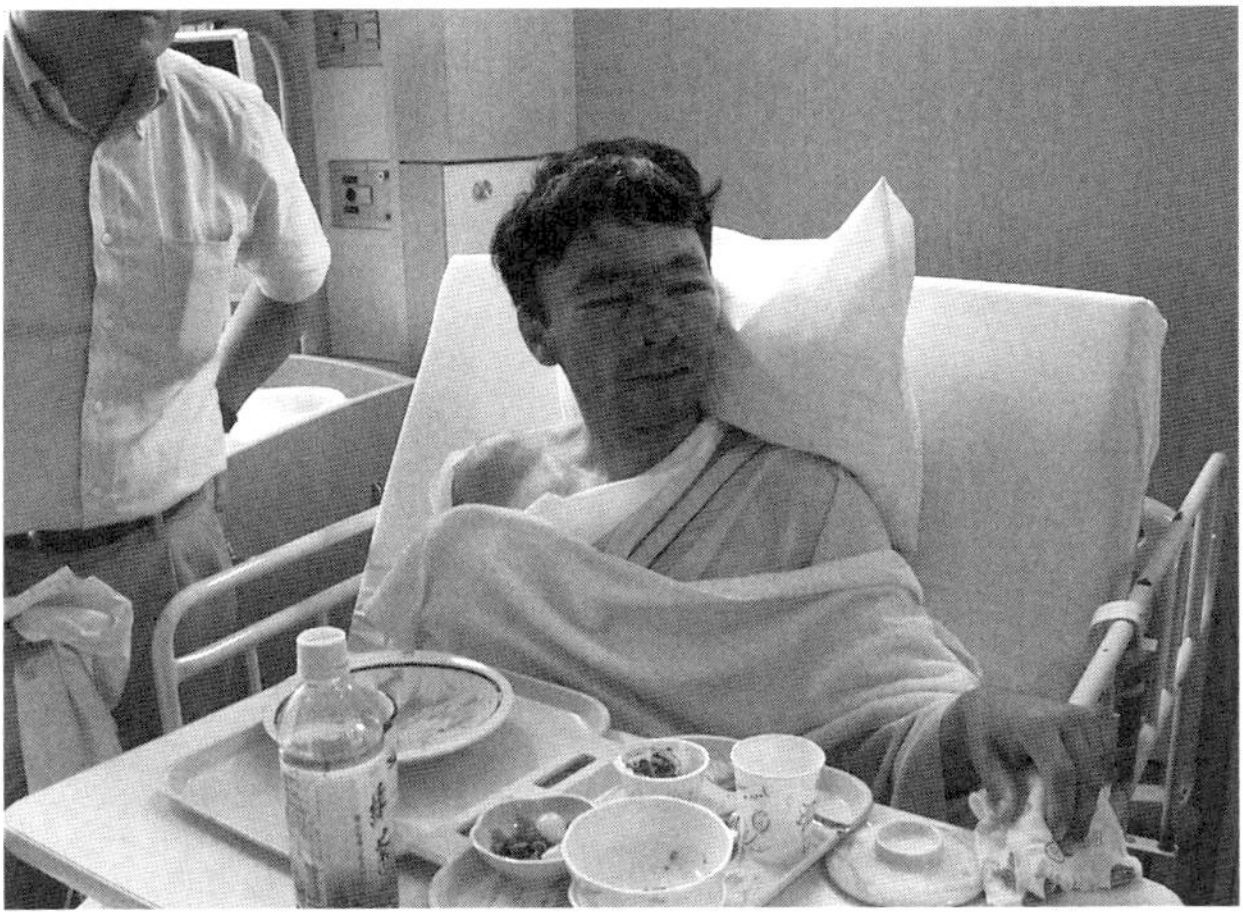

熊に襲われて重傷。顔と腕の大手術となった（写真＝香川澄雄）

しかし人間の再生能力は凄いです。

以前よりも鼻筋がなくなり、鼻での呼吸はほとんどできないものの、半年後には昔の顔に徐々に近づいたのです。チベットのクーラ・カンリ遠征前に鼻の穴の手術を行ない、高所登山において最も重要な呼吸が、わずかに改善されました。

熊に襲われることは本当に想定外でした。今では、先の見えない森に足を踏み入れると、警戒心が高まります。熊除けの鈴をうるさく鳴らしながら歩く登山者たちを馬鹿にすることもしません。

はたして僕に噛みついた熊は元気でしょうか。小熊は大きくなったでしょうか。

どこかでまた出会ってみたいと、密かに願うことがあります。

第6章

アンデスを目指して

アンデスの計画とトレーニングと実践

2012年12月　アンデス遠征計画

東京駅八重洲口、資料を詰めた小さなザックを背負い、人の溢れる地下道を足早に進む。久しぶりの都心ではあるが、早くも家に帰りたくなってきた。階段を上り地上に出てみてもクリスマスで賑わっている。この20年を振り返ってみても、クリスマスはおろか、正月、誕生日などをまったく関係なく過ごしてきた。まして、夫婦には大切といわれている籍を入れた月日はいつだっただろうか。

歩くこと10分、数年以内に取り壊されると聞く古いビルの3階がいつも僕らの山岳会が集会を開く場所だ。今日はいつもより30分早く来た。

さてどこから説明しようかな。しばらくすると、何が入っているのかはわからないけれど大きなザックを担いだ野田賢が入ってきた。昔はお洒落に気を遣っていたというだけあって、似合っていないけれども今日は髪を少し茶色に染めていた。上着の山用ジャケットも新しいようだ。こだわりの強い彼は登山ウェアなどの知識が豊富で、道具に関しても研究熱心で、新しい製品を山で身に着けている姿をよく見る。提供していただいた、たくさんの色鮮やかなジャケットやパンツ、最近はやりだという軽ダウンは押し入れの奥に仕舞い込み、普段のクライミングでは使い古しのウェアを着ている僕とは大違いだ。劣化するといわれるプラスチックの登山靴を14年以上履いている妻を含め、僕らの「もったいない」という感覚が、間違った方向に行っているのかもしれない。

蛍光灯の暗さを感じる会議室の机の上に、写真のコピーや地図を広げ説明に入る。

「これが僕が登ってみたいプスカントゥルパで、ここの南東壁をこのようなラインで行ければ格好が良いんだけど」

どんな計画でも面白がる時期である彼が、本当に興味を示したかは表情からは読み取れない。

「初登はこの西稜で、スロベニアのクライマーがこの岩壁、南壁から登っているんだ」

続けて

「この岩は急だけどクラックはあると思うんだ。上部のミックス帯もやさしくはなさそうだけど、つなげると奇麗なラインになると思うんだ」

彼はうなずいているけれど、岩に対して少し苦手意識を持っているのを知っている。

次に知人に借りてきたペルー・アンデス、ワイワッシュの貴重な地図を広げた。

「まずここがプスカントゥルパ、それで10キロも離れていない南にトラペシオという山がある」

「これがトラペシオの写真。南壁だけど氷っぽいだろ」

彼は身を乗り出して写真を見つめている。明らかにトラペシオの方に興味があるようだ。

「僕の考えはこうだ。ワラスで５５００メートルくらいの山を登って高所順応する。その後、移動方法はわからないけど、ワイワッシュ山群に入ってプスカントゥルパ、次にベースキャンプを移動してトラペシオ。どちらも新ルートからアルパインスタイルで登るんだ」

彼の緊張していた顔が見る見るうちに晴れやかになってゆく。でも、最後に一言、大切なことを話し足した。

「本当に行くのだったら野田君、これから移動手段を含め色々調べなければならないよ。それと、この山を登るために富士山で高所順応し、穂高とかで岩のトレーニングをしなければならないと思うんだ」


プスカントゥルパ東峰、標高５４１０メートル。この山の姿に引きつけられたのは3年以上前だ。初めて写真を見たとき、これが本当にあのアンデスにあるの？　と思ってしまった。

アンデスといえば、まず真っ白な氷雪面と鋭い雪尾根が頭に浮かぶ。今までで2度、１９９７年と99年にペルーアンデスのワラス周辺でいくつもの山を登ったが、いずれも雪を多くまとった峰だ

プスカントゥルパ東峰南東壁

った。

プスカントゥルパ東峰のシルエットは最高だった。まるでカラコルムのムスターグタワー北面のように巨大なタワーは切り立っている。下部の垂直の乾いた岩壁から雪と岩のミックスされた上部壁、この構成がアルパインルートとしても登攀意欲を掻きたてられる。求めていた要素がぎっちりと詰まっていた。

垂直の岩に刻み込まれたクラックに手足を入れながら突き進み、ミックス帯ではアックスを突き刺しながら、あの尖った頂に向かうのだ。わずかな装備だけを携え、アルパインスタイルで僕ら二人は挑戦するのだ。

*

アルパインスタイルは、僕がヒマラヤ登山を始めた25年前は日本人クライマーにはあまり一般的ではなく、ごく一部の人により試みられていた方法だった。山と自分をじっくりと観察し、ベストコンディションを捉え、必要最低限の、自らが担げる荷物だけを携えオンサイトで頂に向かう。ヨーロッパ・アルプスで昔から行なわれてきたシンプルな登山スタイルを、そのままヒマラヤやアンデスなどの高峰、難峰で実践することを意味する。

それとは対象的に「極地法」といわれる登山スタイルが一般的な登り方であった。事前に目指す頂へ至るルートを何度か往復してロープやテントを設置し、必要とあれば食糧や装備も荷揚げしておき、ときには酸素ボンベの助けを借りるという、大がかりなスタイルだ。

どちらかのスタイルに優劣をつけるのは難しい。また、どちらが安全かは僕には判断できない。でも僕には想像できる。

何百キロという装備を荷揚げするために何度も往復していたら飽きてしまうかもしれない。また、クレバスだらけの氷河や、雪崩の起きそうな雪深い尾根を2度も3度も通過していたら、精神的に耐えられないだろうと。

次に展開されるだろう風景にいつも期待感を持っているクライマーでありたい。山が次々に出題するパズルを素早く解決できるクライマーでありたい。1992年、ネパールのアマ・ダブラム西壁単独登攀をアルパインスタイルで成功したときに確信した。

「このスタイルはやり甲斐があって面白い、これがやりたかったんだ」

「登った、登れなかったかではない」どのようにして登ったかが重要だった。

極地法での遠征登山だった1991年のブロードピークとは、比べられないほどの精神的な自由がそこにはあった。そこには物資輸送や登頂隊員の選考などといった戦略的な細かい打ち合わせはいっさい存在しない。アマ・ダブラムでのアルパインスタイルでは、すべてを即座に判断して自分のイメージどおりに行動する、研ぎ澄まされた感覚がすべてだった。

人工物のない広大な氷壁の真ん中で僕は解き放たれ、高みに上がるにつれ高揚感が増し、エネルギーに満ち溢れた。

目標を見つける

目指す山からクライマーのセンスがうかがえる。

目標は、探す努力がないと、なかなか見つからない。また、好みがないと目にも留まらない。

でも、四六時中、山のことを想っている僕には、必ず見つけられている。

どっしりとした重量感に溢れた山が好きだ。

甲斐駒ヶ岳、モン・ブラン、ブロードピーク、チョ・オユー、マカルー、K2、ギャチュン・カン、クーラ・カンリ……。

ペンのように鋭く尖った山も好きだ。

ドリュ、マッターホルン、フィッツ・ロイ、アマ・ダブラム、ガッシャブルムⅣ峰、レディースフィンガー、ビャヒラヒタワー、西上州一本岩、タフルタム……。

巨大な、手掛かりの少ない一枚岩も好きだ。

穂高屏風岩、ハーフドーム、エル・キャピタン、トール、ポタラ、オルカ……。

エレガントな氷の筋も好きだ。

烏帽子大氷柱、錫杖1ルンゼ、ベン・ネビス、トラペシオ……


時折、写真を見つめながら、心の底からその山が登りたいか自問自答する。


限界状況への渇望から深く考慮せず計画を進めては絶対にいけない。

そしてその選んだ山に全身全霊を傾けるに値するラインが浮かんだ瞬間、胸がざわめく。

チャンスはそう易々とは巡ってこないが、慌てずに素直に身体の声を聞かなくてはいけない。

「おまえが本当に登れるのか」と。

「これは面白そうだ」の閃きにも波があるようだ。

いくつものアイデアが生まれ、どれから手を付けるか迷うことさえある。強引な方法ではなく、軽やかに攻略できるか検討する。

2013年2月　ウィンタークライマーズミーティング

2013年2月、全国から若さ溢れるアルパインクライマーが30人、上高地にある日本山岳会の山小屋に集まった。ここ数年行なわれているアルパインクライマーの交流クライミング、ウィンタークライマーズミーティングに初めて参加してみたのだ。

メンバーの平均年齢は30代前半だろう。ここでは47歳の僕が一番の年長者になる。

メンバーの中にはクライミング界をリードしていく高い能力を持った若いクライマーたちもいて、彼らから学ぶことも多いだろうという思いからの参加だった。また、全体の能力が以前より落ちてしまっている僕が、アンデスでのクライミングを成功させるための手掛かりが摑めるのではないかと、淡い期待もしていた。

垂直の氷を登る今井健司の動きは見事だった。力みがなく、柔らかなフォームで氷の形状に合わせた体勢を保ちながら進んでゆく。佐藤裕介の足のさばきや、アックスのピックを丁寧に草付や薄い氷に刺していく姿は、ゆったりとしたバレエダンサーの動きを見るようだった。

か弱い女性のような握力しかない僕でも、彼らのような滑らかな動きをイメージしながら登っていけば、アンデスクライミングへの道も開けるのではないだろうかと考えるようになった。

でも、参加前に予想はしていたけれど、自分の不甲斐なさも感じていた。

別に孤独が好きなわけではないけれども、賑やかな場に馴染めない、話の輪に入ることに躊躇する自分がいた。これは数年前のある日、御岳渓谷ボルダリングで経験していたものと同じだった。登りたかった石の前に、若いボルダラーたちが何枚ものマットを敷き詰め、次々にトライしていた。周りのボルダラーは「ガンバー」と応援している。すると一人の若者に「一緒にどうですか」と優しい言葉をかけられた。

でも僕は「見ているだけでも面白いですから」とやんわり断ってしまった。

目の前のボルダラーは皆、輝き、エネルギーに満ち溢れている。でもその賑やかな光景は、僕が小さいころから苦手だった運動会を思い出させ、自然に距離を取ってしまう。

彼らは競争意識が生まれ、上達も早いのかもしれない。皆で力を合わせる喜びがあるのかもしれない。でもあの日、最後まで御岳のその石にトライする人の輪に入ることができなかったのだ。

僕は上手くなるのが遅くなったとしても、情報が早く手に入らなくても、小さな石でもいいから一人で対峙し取り組んでいたい人間だった。

ゆっくりと吸収する……。これも重要なことの一つかもしれない。

やっぱり一人が向いているのかもしれないと、上高地の賑やかな小屋の中でぼんやりと思っていた。

4月　奥多摩にて

カレンダーの5月31日にはすでに丸が付いている。成田空港からの出発日だ。

部屋に広げたペルー・アンデスの地図をもう一度見つめる。

「リマの空港に着いたらホテルなどに入らず、そのまま1日かけてバスでワラスに入ろう。ワラスでは安い宿に泊まりたいところだが、夜に簡単に見つかるだろうか。初めてのアンデス登山になる野田のためにも、ワラス周辺では比較的有名なピラミデを高所順応として登ろう。でも簡単ではないな。降りてきたら、安い定食をたらふく食べて体力を戻しつつ、ワイワッシュのカハタンボへのバスを見つけよう。バスの手配が済むまではちょっとスペイン語に苦労するかもしれない」

部屋に横になりながら次々に想像していく。

「はたしてカハタンボはどんな村だろう？　恐ろしく小さいだろうが宿くらいはありそうだ。そこでパスタや野菜くらいの食糧は手に入るかもしれない。ベースキャンプまでのロバも見つけられるかもしれない。……あの山は雪崩は起きない。稜線のセラックだけは注意しよう……」

カレンダーをもう一度めくる。

日本勤労者山岳連盟から毎年送られてくるこのカレンダーは、写真が奇麗なうえ、予定を書き込むのに便利だ。でも書いてあるのは3カ所だけ。一つはアンデス、そして山道具の展示会、もう一つはスライドを見せながらの講演の予定が一つ入っているだけだ。

思い返せば昨年も仕事をほとんどしなかったかもしれない。

断るタイミングを逃して受けてしまった講演が1日だけのはずだ。なるべく仕事をしないようにとの妻の命令に従い、毎日をのんびりと過ごしている。

忙しくなるという理由だけではないが、我が家には携帯電話もない。登山関係の行事にも何年も参加していない。冠婚葬祭も近所の人の葬式にしか出ていない。

今の僕は、毎日のゆったりした静かな生活からアイデアが生まれ、限界近い登山への集中が生まれているのかもしれない。奥多摩の山を散歩しながら次の夢が見つかることがある。

地図をもう一度見つめる。今年は振り絞るようなクライミングをしたいと思っていた。

5月　岳沢小屋にて

これほど景色の素晴らしい場所だとは知らなかった。涸沢よりも素晴らしい展望だ。手前は乗鞍岳だろうか。霞のかかる遠くの立派な山は御嶽山だろうか。相変わらず日本の山の名前を覚えられない。

野田君のせっせと働く姿を横目で見ながら岳沢小屋のテラスでのんびりとコーヒーを楽しむ。明日から穂高の岩壁を巡りながら二人でアンデスへのトレーニングをする予定だ。

僕がベテランのように見えたのだろうか、「明日、前穂高岳に登りたい、大丈夫だろうか」と、隣のテーブルで休んでいた外国人の男女が話しかけてきた。

スペインから来ているという二人は、他の登山者と比べると、自分たちの装備の貧弱さに不安を感じているらしい。並べてあるのを見ると、柔らかそうなトレッキングブーツにテープ締めの8本爪アイゼン。

「ピッケルは持っているの?」と聞くと、申し訳なさそうにザックからストックを出してきた。これしかないという。

「たぶん大丈夫だよ、暗いうちからは出かけないで、少し暖かくなって雪が軟らかくなってから、一歩一歩進んでいけば大丈夫だよ」

遠い国から北アルプスを楽しみに来た彼らに、その装備では無理だとはどうしても言えなかった。他の登山者や小屋の関係者がこれを聞いていたら、なんと無責任な、と言われるだろう。

彼らと話していると、夏の八ヶ岳でも無責任なことをしてしまったことを思い出した。

あれは2年前だろうか。最近の登山人気でバス停付近は出発前の登山者でとても賑やかだった。

その中に困った表情で立っている若者たちがいた。

バス停に設けられた臨時の登山指導場で、20代前半の若者5人組が神妙な面持ちで立っている。登山届を書いている知人を待ちながら、車の中からぼんやりと会話を聞いているとこんなことだった。

雨具を忘れた一人の若者に対して「今回は中止するように」と、係の人が指導していたのだ。基本中の基本を忘れる彼が悪いけれど、可哀そうに……。

慌てて車の後ろに回り、たくさんのバッグをひっくり返すと、あった。使い古しの雨具が。そこで5人組の一人を車の方に手招きして、「防水効果はまったくないけど、これをあげるよ」と渡した。あのときの係の人の僕への心証はさぞ悪かったことだろう。

「見極めは難しいけど……、少しくらい足元が不安定でも、少しくらい雨に濡れても、少しの無茶は冒険心が膨らみ、登山を面白くするのだから」と、登山関係者が聞いたら怒られるようなことを、若いときの自分に重ね合わせながら、岳沢の美しい木のテラスで2杯目のコーヒーを飲みながら考えていた。

山登りはとても不思議で難しいゲームだ。多少危なっかしい方が面白い場合が多く、完璧な安全を求めるあまり、つまらなくする場合もある。確実な天気予報を得られ、救助を要請できる携帯電話、位置を確認できるＧＰＳなどを含め、山登りを面白くするため、あるいは山の中だけでも賢いクライマーを保つために、あえて手放しているものも多い。

世界最悪の天候と言われる南アメリカのパタゴニア。現在ではクライマーたちは町のホテルでパソコンを見つめながらチャンスをうかがうと聞く。精度の高い天気予報が頻繁に発信されるからだ。25年前、深い森の中から、上空を殺人的な勢いで流れる雲を眺め、薄暗い小屋の中で小さな気圧計を見つめていたころとは、随分と変わってしまった。

ヒマラヤの８０００メートル峰でも、登頂率を高めるため衛星電話を使い、正確な天候、気温、風速風向などの情報を集めるらしい。

しかし僕は違うスタイルを選びたい。たとえ登頂に失敗したとしても、氷河に寝ころんで気温の変動を肌で感じながら、稜線の風や雲の動きを観察して、出発するタイミングを見極めたい。判断するという楽しみを失いたくない。

クライマー、いや人間は便利といわれるものを使い、何かしらの能力を失い始めているかもしれない。最近はＧＰＳを持ち歩きながら山を目指す人も多いようだ。初めて道迷いをした中学生のときの西丹沢の藪山から始まり、以来、何度となく山の中で自分の位置を見失ってきた。

それでも、吹雪のなか見覚えのある場所にたどり着いた瞬間や、深い藪を抜け出し正しい道に戻れたときの喜びは、ときには頂に到達するよりも感激するものだ。禁欲的にさえ見えるかもしれないが、動物としての能力が発揮できる機会を守っていくことは、山で生き残るうえでも重要に思えてならない。

6月　アンデスにて

「よく頑張ったね、ご苦労さん」

僕は野田賢と握手する。

彼の頂への執念は見事で、深い雪をもがきながらも、アンデスでの一つ目の山、標高5885メートルのピラミデの山頂に立った。視界が悪く、途中の雪のコンディションの悪さから、敗退も視野に入れていた自分を恥ずかしくも感じていた頂だった。

太陽は沈みかけ、目の前に広がる山々は青白く変化してゆく。

ワラスの町の安宿の部屋、ベッドの上で腹筋運動を繰り返す彼を横目で見ながら、北アルプスでのクライミングを思い出していた。

「もっとゆっくり降りていいんだよ」

と声をかけるが、急な雪の斜面をアックスも刺さずに凄い勢いで前穂高の奥又白に降りてゆく姿や、アップダウンが激しい奥穂高の吊尾根を夏道どおりに歩こうとするので「稜線から離れた方が歩きやすいし、体力が消耗しないよ」と教えたこと。

「ビレイ点のプロテクションは、もっと確実なものにして。これが抜けたら二人とも致命的だよ」と、滝谷で少し強く言ってしまったことを。

ピラミデでの順応登山だけで疲れてしまった体をベッドに横たえながら、残り二つの山の頂上に無事に到達し、下山して町に降りたら笑顔でお祝いをしなければと強く思っていた。

6月12日、小川が流れる草原にベースキャンプを設営した。

ベースキャンプといっても、小さなテントを二つと、食糧は村で買ってきたたくさんのジャガイモばかりだ。渓谷の奥には今回の遠征最大の目標の山が雲の合間から見えている。その姿は予想をはるかに超え、鋭く美しい。

この素晴らしい環境に引き替え、体調はあまり良くない。リマへ向かう機内で風邪でも引いたのか、ワラスの町に到着する前から乾いた咳が止まらず、今も続いている。まるで8000メートルで痛めつけられた肺のように惨めな状態で、４３００メートルのこの土地では、帰国するまで治らないだろう。

野田君は普段はエネルギーが有り余っているが、今日は何度もトイレットペーパーを握り締め、フラフラしながら岩陰に向かっている。腹の調子がここ数日悪いようだ。はたしてこんな二人が、あの巨大なタワー、プスカントゥルパ東峰を登れるのだろうか。


６月15日午前1時。色々と想像してしまい、ほとんど眠れなかった。

貴重なアルファ米を無理やり口に入れ、水をがぶ飲みする。ベースキャンプからヘッドランプの明かりだけを頼りに歩きだす。

午前４時、傾斜の強まる雪の斜面に到達した。

ここでも貴重なパンを口に入れ、装備を身につけ、ロープを結ぶことなく静かに登りだした。

体調は悪くない。呼吸も乱れていない。咳も出ない。

夜が明け、太陽の光が垂直の南東壁を黄色く染め始めたころ、初めてロープを付け、確保しながら進んだ。核心部となるだろう下部の岩壁に、冷気に包まれた早朝から手を付けなければならない。

硬そうな岩を瞬時に選ぶ。捨ててしまおうと毎年思いながら使っている、ソールのすり減ったクライミングシューズに、窮屈な体勢のまま履き替える。

午前6時、南東壁の岩に手を掛ける。

すべての服を着ているうえに、ザックを背負い、たくさんのギアをハーネスに下げると、5・10ほどのクラックシステムではあったが油の切れたロボットのような動きしかできない。そのうえクラックの奥にはたくさんの雪と欠けやすい氷が詰まり、プロテクションは難しい。それでも、まるで小川山の有名ルートが次々に現われるような南東壁を、興奮しながら登った。

野田君も順調に後続してきている。畳ほどの剝がれそうなフレーク状の岩や、見るからに接地面積の少ない巨大な岩柱に精神的に辛くなり始めた12時、下部岩壁を抜け中間雪面にたどり着いた。

軽量化し、スピードを意識しながら登攀したが、どうやら今日中の登頂は望めそうもない。やさしいと思われた雪面は、アンデス特有の支持力のまったくないサラサラのシュガースノーに覆われ、そのうえ上部ロックバンドも決してやさしそうには見えなかった。

野田君はじわじわと登っていく。時折「写真を撮ってください」と、余裕とも取れることを言っているが声は震えていた。その晩は5300メートルの窪地を1時間かけて整地し、マットのない僕らは雪の上にロープを並べ、小さな寝袋にくるまることにした。

わずかなココアと、これまたわずかなマッシュポテトで震えながら過ごしたものの、この登攀へのスパイスとしてちょうど良かったかもしれない。夜空には星が輝き、小さな雲も動かず、天候への心配もなく、心は安らいでいる。

今までに何回となくビバークしてきたが、久しぶりに幸せを感じていた。

翌日は傾斜が緩くなり、頂への道も見え始めたが、岩はロックピトンも受け付けないほど脆くなり、シュガースノーも相変わらずだった。どちらか一人が落ちたら止めることは難しいかもしれない。パートナーに命を預けるというのはこういうことだろうと思う一方、彼の頼もしい動きから南東壁を登りきれると確信もしていた。

3年前に漠然と描いていた理想が、もうすぐ手に入る。

午前10時、プスカントゥルパの稜線の一番高い場所で野田君の腕が高く上がった。60メートルも離れているので表情はわからないけれど、うれしさが全身に溢れている。僕も噛みしめるようにゆっくりと頂を目指す。握力を使わないようにアックスを刺し、右足を痛めないようにアイゼンを丁寧に蹴る。呼吸を整えながら、南に急激に落ちる尾根を見つめる。

「あれだな。あれなら確実に降りられる。ビコンガ湖に向かえばいいんだな」

僕らは無事にベースキャンプに戻らなくてはいけない。目的地はまだまだ遠い。再び一歩一歩進む。仰げば頂は目の前だった。

果たして僕は今までにいくつの山を越えてきたのだろうか。今までの山々の頂上直下と同様に、興奮はない。

２０１３年6月16日午前10時15分、憧れていた山の頂にアックスをそっと突き刺す。

崩れそうで不安定な場所ではあったものの、眺めは素晴らしかった。多くの雪をまとい輝くイェルパハ、そしてピラミッドのように均整のとれたトラペシオが見渡せる。それらの山々をバックに、お互いに5枚は写真を撮っただろうか。それからしばらくして記念撮影に興味を失った僕は、その場を離れるために再びアックスをゆっくりと手に取ったのだ。

＊

6月23日、午後4時30分、日が沈みかけた山頂での光景を今でも鮮明に覚えている。僕は久しぶりに雄叫びをあげ、彼の満面の笑みには涙が光っていた。

僕らの興奮もつかの間、日が稜線に隠れ始めた。

トラペシオの上空は青黒く深さが増し、大気は冷え、アックスを握り締める指先と雪面を踏み締める足先は硬直した。そしてはるか北に、雲海から聳える無数の山々も黒ずみ、神々しさが増す。

（上）トラペシオ頂上に立つ（撮影＝野田　賢）
（下）細心の注意が必要とされたトラペシオの下降

「間もなく夜が訪れるが、慌てずに降りよう」

僕はこれから待ち受ける北壁への下山に向け、いつものように心に落ち着きを取り戻していった。

プスカントゥルパ南東壁を素晴らしいラインから登った1週間後、アンデスでの3つ目の山、トラペシオも南壁から成功した。あのときの野田君の頑張りも素晴らしかった。垂直で砕けやすい氷を、チリ雪崩をものともせずに登攀する姿は眩しかった。

ペルー・アンデスでの最高の旅から9カ月後、まるで駆け抜けるように彼はいなくなってしまったのです。

アルピニズムについて

もっと、もっと先へと、高き領域を求め続けてきた。

日本アルプスの3000メートル級の稜線では飽き足らず、ヨーロッパ・アルプスの4000メートル峰まで足を伸ばした。厳冬期のパタゴニアからの帰り、バスを乗り継ぎ一人でエル・プラタを目指したのは、モン・ブランより高い世界を知りたかったからだ。

深い雪の中、高山の知識もないまま標高5000メートルで喘ぎ、頂は手に届かなかった。成層圏に近い8000メートル峰で、紺碧の空のもと、肺がちぎれそうになりながらも、いったい何度、生命を実感したことだろう。

垂直の世界でも長く生きてきた。しっかりした手掛かりのある岩壁よりも、より傾斜が強く、わずかに指先しか掛からない岩壁に向かい、鍛えた肉体でさらなる困難を求め続けてきた。凍りついた岩肌を探り、数ミリの足場にアイゼンを突き刺した。乳酸が溜まりつつも大きく腕を伸ばし、いつもクライミング魂を熱くしてきた。

あるいは、蝶が舞い高山植物の緑が眩しい夏から、肌を刺すほどの寒風が吹き荒れる厳冬期をあえて選んで登っていた。手足は痺れ、まつげは凍りついていた。

自然を愛しているからという理由だけで踏み入れるのではない。まして自己表現のために高みを望むものでもない。

限界線から一歩踏み出すたびに、生命が躍動した。安住できる土地を離れ、不安や孤独を感じながらも、克服することがより困難で切り立った場所に向かっていった。

同じ領域では満足できなかった。

あれは高校生のとき、大糸線の小滝駅を降りた僕は、不安を抱えながらも、明星山の岩をたった一人で目指していた。それまで単独登攀の経験などまったくなかったのに、無謀にもこの冒険を誰にも知らせずにやってきてしまった。真っ白な石灰岩の割れ目に夢中でしがみつき、がむしゃらに上へ上へと登った。足下には深い渓谷が広がっていたが、怖さを感じている余裕などなかった。その登攀時間は、わずか2時間ほどだろう。

すべてを終え、岩のてっぺんに立った瞬間に思った。

「これで生きていきたい」と。

あの生きがいを見つけた強烈な時間を今でも忘れられないでいる。

登山ブームは「楽しむだけ」の登山者を生んだ。ネット上には無数の「山」があふれ、メディアはこぞって気楽な山を紹介する。タレントのような人々が山の素晴らしさを語り、テレビ画面には冒険ショーが繰り広げられる。僕は彼らを非難するつもりはまったくない。むしろ大いに自然に触れ、山を楽しんでもらいたいとも思っている。

それにしても……、アルピニズムは失われつつあるのだろうか。

「どこまでやれるのか」は必要ではないのだろうか。

古典的な考えかもしれないが、僕は、いつまでも限界に向かう道を忘れないでいたいと思っている。

あとがき

この本で、いかにして生き残ったかを書こうと試みましたが、最後まで具体的な説明はできませんでした。また、多くの亡くなった友人が、まるで僕よりも劣っているかのような書き方をしたことを、今では申し訳なく感じています。

生命体として、いつかはどこかで僕らも消滅する運命です。たまたま山で命を終えたことが悪いとは思えません。でも、夢半ばであったことが、残念に思えるのです。

今まで多くの友人を山で亡くしましたが、僕は幸いに、現在も続けさせてもらっています。

結局、なぜ僕は死ななかったのでしょうか。

それは、若いころから恐怖心が強く、常に注意深く、危険への感覚がマヒしてしまうことが一度もなかったことが理由の一つかもしれません。

さらに自分の能力がどの程度あり、どの程度しかないことを知っていたからだと思います。それは途切れることなく登り続けてきたことで把握できていたのでしょう。自分の肉体と脳が、憧れの山に適応できるかを慎重に見極め、山に入っていきました。

二つ目の理由は、山登りがとても好きだということです。足元を確認して、山を見上げて、空を仰いで、鳥の声や風や落石や雪崩の音に耳を傾け、心臓の鼓動を感じ、パートナーの表情をうかがい、いつ何時でも、山と全身からの声を受け取ろうと懸命でした。

雪煙が流れる稜線、粗い花崗岩の手触り、陽光輝く雪面、土や落ち葉の色、雪を踏み締めたときの足裏の感触……。山が与えてくれるすべてのものが、この世で一番好きなのです。その気持ちは子どものころからずっと変わらず今日に続いています。

だからこそ、今まで生きてこられたのかもしれません。

山野井泰史

2014年8月

山野井泰史　年譜

1965年　0歳　東京に生まれる。
1976年　11歳　映画『モンブランへの挽歌』に感動する。
1980年　15歳　日本登攀クラブに入会する。
1981年　16歳　北岳バットレス第4尾根登攀。明星山「愛のスカイライン」フリー・ソロ。
1982年　17歳　谷川岳一ノ倉沢中央カンテ、凹状岩壁、変形チムニーをフリー・ソロ。
1984年　19歳　ヨセミテ、ハーフドーム北西壁「レギュラー」「セパレートリアリティ」（5・11d）など。
1985年　20歳　城ヶ崎「スコーピオン」（5・12a）、「ビッグマウンテンダイレクト」（5・12a）開拓。ヨセミテ「テイルズ・オブ・パワー」（5・12b）などを登攀。
1986年　21歳　城ヶ崎「マリオネット」（5・12a）開拓。ヨセミテ「コズミックデブリ」（5・13a）、エル・キャピタン「ゾディアック」登攀。
1987年　22歳　コロラド「スフィンクスクラック」（5・13b）登攀。エル・キャピタン「ラーキングフィア」単独第3登。ドリュ西壁「フレンチダイレクト」単独初登。
1988年　23歳　冬季甲斐駒ヶ岳赤石沢Aフランケ〜Bフランケ〜奥壁左ルンゼ単独登攀。バフィン島トール西壁（5・9／A4）単独初登。
1989年　24歳　小川山「クレイジージャム」（5・10d）、「最高ルーフ」（5・10d）、「ラブ・イズ・イージー」

（5・11ａ）などをフリーソロ。パタゴニア冬季フィッツ・ロイ単独、敗退。

1990年　25歳　パタゴニア冬季フィッツ・ロイを単独初登。城ヶ崎サマータイム・ブルース（5・12ａ）～富士山一合目から頂上往復～八ヶ岳大同心大滝23時間踏破。横尾～屏風岩1ルンゼ～4峰正面壁甲南ルート～前穂高～横尾、冬季単独23時間踏破。

1991年　26歳　冬季谷川岳一ノ倉沢滝沢第3スラブ単独登攀（出合～稜線を2時間30分）。韓国トワンソン氷瀑完登。パキスタン、ブロードピーク（8047メートル）登頂。キャシードラル南壁、敗退。

1992年　27歳　谷川岳一ノ倉沢烏帽子奥壁ダイレクト単独初登。明星山「マニフェスト」単独初登。ネパール、メラ・ピーク西壁ダイレクトルート単独、敗退。冬季アマ・ダブラム西壁新ルートより単独初登。

1993年　28歳　パキスタン、ガッシャブルムⅣ峰（7925メートル）東壁に単独、敗退。パキスタン、ガッシャブルムⅡ峰（8034メートル）登頂。

1994年　29歳　明星山「キャプチュード」単独初登。マッターホルン北壁登頂。チベット、チョ・オユー（8201メートル）南西壁新ルートより単独初登。

1995年　30歳　ヨセミテ、エル・キャピタン南東壁「ロスト・イン・アメリカ」（5・10／Ａ5）登攀。パキスタン、レディースフィンガー（5・10ｃ／Ａ3＋）南壁初登。

1996年　31歳　谷川岳一ノ倉沢6ルンゼ左俣、冬季単独初登。ネパール、マカルー（8463メートル）西壁単独、敗退。

1997年　32歳　アメリカをフリークライミングツアー、ヨセミテなどで5・13ａまで登攀。ペルー、ワンドイ東

1998年　33歳　峰東壁登頂。チベット、ガウリシャンカール（7134メートル）北東稜、敗退。
冬季谷川岳一ノ倉沢衝立岩オーバータイム単独初登。ネパール、クスム・カングル（6367メートル、80度、5・9）東壁新ルートより単独初登。ネパール、マナスル（8163メートル）北西壁、敗退。
1999年　34歳　パキスタン、ソスブン無名峰（6000メートル、70度、5・7／A1）遠征。
2000年　35歳　パキスタン、K2（8611メートル）南南東リブから単独初登。
2001年　36歳　御岳「クライマー返し」（初段）。パキスタン、ビャヒラヒタワー（5900メートル）南ピラー（5・10／A2）初登。
2002年　37歳　アメリカ、ダイヤモンドウォール、グランドティトンなどを登攀。チベット、ギャチュン・カン（7952メートル）北壁第2登。
2004年　39歳　中国四川省、ポタラ（5428メートル）北壁に単独、敗退。
2005年　40歳　瑞牆山「現人神」（5・12c）。中国四川省、ポタラ未踏の北壁を単独登攀。
2006年　41歳　アメリカ、ウインドリバー、ブラックキャニオンなどでクライミング。ネパール、パリラプチャ（6017メートル）北壁敗退。
2007年　42歳　グリーンランド、オルカ（1200メートル、5・10／A2）初登攀。西上州、一本岩初登頂。
2008年　43歳　谷川岳一ノ倉沢烏帽子奥壁大氷柱。キルギス、ハン・テングリ（7010メートル）登頂。ロシア、ロシア正教100周年記念峰（4250メートル）登攀。

2009年　44歳　チベット、カルジャン（7216メートル）南西壁単独、敗退。
2010年　45歳　ヨセミテ、ヘブン（5・12d）登れず。三宅島、宝島（5・11d）開拓。
2011年　46歳　パキスタン、タフルタム（6651メートル）北西稜に単独、敗退。
2012年　47歳　ヨセミテ、ヘブン（5・12d）など登攀。バカブー、サウスハウザータワーカタロニアルートなどを登攀。スコーミッシュ、ゾンビルーフ（5・13a）など登攀。
2013年　48歳　インディアンクリーク、ザイオンなどでクライミング。アンデス、プスカントゥルパ東峰（5410メートル）南東壁初登、トラペシオ（5653メートル）南壁登攀。
2016年　50歳　昇仙峡「アメジストライト」（5・12）初登　ネパール、アビ（6089メートル）北壁に挑戦。
2017年　52歳　インド、ザンスカールの未踏峰、ルーチョ（6000メートル）東壁より初登頂（1000メートル　TD）。
2018年　53歳　イタリア、オルコ渓谷で登攀。グリーンスピッツ（5・13d／14a）にトライ。
2019年　54歳　昇仙峡「静かなハング」（5・12＋）初登。
2021年　56歳　城ヶ崎「炎の導火線」（二段？）などボルダー開拓。ピオレドール生涯功労賞を受賞。

山野井泰史（やまのい　やすし）

1965年東京生まれ。単独または少人数で、酸素ボンベを使用せずに難ルートから挑戦しつづける世界的なクライマー。10歳から登山を始め、高校卒業後、アメリカに渡り多くのクライミングを実践。90年、フィッツ・ロイでの冬季単独初登攀を成功させる。94年、チョ・オユー南西壁を単独初登攀。2000年にはK2の南南東リブを単独初登攀。02年にはギャチュン・カン北壁登頂後、悪天候のなか奇跡的に生還する。凍傷のため手足の指を計10本失うが登攀を続け、13年にアンデスのプスカントゥルパ東峰南東壁を初登攀。2021年にピオレドール生涯功労賞を受賞する。著書に『垂直の記憶』（山と溪谷社）がある。

アルピニズムと死

YS001

2014年11月5日　初版第1刷発行
2024年4月5日　初版第7刷発行

著　者　山野井泰史
発行人　川崎深雪
発行所　株式会社　山と溪谷社
〒101-0051
東京都千代田区神田神保町1丁目105番地
https://www.yamakei.co.jp/

■乱丁・落丁、及び内容に関するお問合せ先
山と溪谷社自動応答サービス　電話03-6744-1900
受付時間／11時〜16時（土日、祝日を除く）
メールもご利用ください。
【乱丁・落丁】service@yamakei.co.jp　【内容】info@yamakei.co.jp
■書店・取次様からのご注文先
山と溪谷社受注センター　電話048-458-3455　ファクス048-421-0513
■書店・取次様からのご注文以外のお問合せ先　eigyo@yamakei.co.jp

印刷・製本　図書印刷株式会社

定価はカバーに表示してあります

Printed in Japan　ISBN978-4-635-51007-3